HOKUSAI

Le fou génial du Japon moderne

葛饰北斋
近代日本的天才画狂

[法]亨利·福西永 著　张露微 译

上海社会科学院出版社
SHANGHAI ACADEMY OF SOCIAL SCIENCES PRESS

《葛饰北斋82岁自画像》(*Tête de vieil homme*),版画。

目 录

导 言 1

北斋的经历

出 身 47

探 索 62

成 熟 87

北斋的艺术

来自民间的灵感 115

北斋的画风 134

着色师北斋 160

结 语 183

《布袋和尚，七福神之一》(*Hoteï, un des sept dieux de la fortune et du bonheur*)，版画，1830年。

导　言

空间诠释。绘画技巧。
雕刻技术与印刷。
道德价值。风俗画派。
北斋及其历史研究者们。

西方人要求平面艺术展示具有立体感和纵深感的图像：在形式的表现中，通过阴影与光线的和谐分布来突出主体部分，使之占据主要位置。即使对于那些最不讲求效果的大师而言，素描也不是一种简单的限制，而是伴随着一系列明暗变化。绘画直接处理空间问题，且不将空间加以简化。在画布上，在木板或铜板上，甚至在壁画涂层上，绘画展示的都是空间形象，而非平面形象。或许，绘画的目的不在于让观者相信所绘之生命或物体会"走出画框"，而是使它们脱离地平线和地面，并根据其创作景深，呈现出与距离成比例的立体感。

诸如此类，便是欧洲艺术对我们的视觉和审美训练而成的习惯。19世纪末，我们发现了一门遥远的艺术，它孕育自截然不同的艺术准则，具备经历过数个世纪考验的创作工具与流程。一个全新的世界展现在我们面前。我们已然习惯于饱满的色彩、透明的釉料、醒目的浮雕、戏剧性的效果，每一次对画作的赏析都犹如经历了一次全面而细致的心理调查。

而我们在日本艺术中首先看到的，只是纯粹装饰性的、错综复杂却又迷人的蔓藤花纹。披着饰有鲜花、飞鸟和怪兽图案的精美长袍的男男女女，演员们、艺妓们，所有的剪影如同书法般笔触统一，色调参差大胆，跃然于始终分明的丝绸或纸质背景上。那些轮廓简单的风景，立于长长的云层之间，在我们看来几乎是纯线性的地形标志，远非具象，却不乏诗意。

犹如刚刚做完复明手术一般，我们欣喜于重见光明。然而，起初的我们只能将这个崭新的艺术宇宙理解为线条和色调在同一平面上的组合，类似于一件织物上的画作。

我们得知，这些点缀着（而非布满）淡淡图画的丝绸卷轴，及其散发出的既绚丽又宁静的和谐气息，均出自一个灵巧且考究的民族之手。他们爱好体育，推崇武德，居住在由木头和纸张构造而成的房屋中，屋内没有任何建筑浮雕，简单、明亮、整洁。在不甚稳固的墙壁上，他们鲜少展示字画卷轴和版画，除非是在某些隆重的家庭聚会上为了愉悦宾客。反之，我们安身在以厚重的灰墁、镀金的饰物、杂色的石膏建成的住宅里，屋内常年悬挂着一些画作，它们被镶嵌在巨大而不协调的装饰边框中，造成阴影和明亮的孔隙，或刺眼的棱角，一切都显得既笨重又庸俗。大师们所秉持的传统和谐日渐僵化，或变得艰涩含糊，并遭到一些无所畏惧的艺术天才的抵制。在这样的时代背景下，日本艺术作品映入我们的眼帘。

《李花与月亮》(*Fleurs de prunier et la lune*)，出自《春之富士》(*Mont Fuji au printemps*)系列，版画，约1803年。

自1878年的世界博览会（Exposition universelle）起，日本艺术的经验在某种程度上帮助我们的画家革新了创作灵感和视觉习惯。

  自此以后，日本艺术便不断地受到人们的研究和喜爱。我们知道，即便是日本艺术在欧洲最为人熟知和最负盛名的展出，也仅能呈现其历史的一个侧面。它依然与我们相距甚远，因而艺术哲学家们陈旧的研究方法难以直接用于分析日本艺术杰作，无法为我们快速总结出其社会学和人种学方面的特点。我们仍要对那些尝试概述日本艺术特点的聪慧的艺术爱好者表示感谢——譬如令人钦佩的爱德蒙·德·龚古尔[1]，然而他们的研究仅限于作品的汇编及分类，更遑论其完整性或准确性。进一步而言，倘若想要理解一门艺术的"精神"，一门在迎合了我们鉴赏品位的同时，又明显打破了我们鉴赏习惯的艺术的"精神"，我们不应完全依赖于历史-心理学语言的技巧，而应直接着手解决技术问题，犹如面对一个没有故乡、不知年龄的无名氏，首要之重便是描绘出他的特点。或许在日本艺术作品中，我们能够于不经意间发觉这类"永恒真理"（vérités éternelles）的某些侧面，如布克哈特（Jacob Burckhardt）一样的大师，已将它们与那些自然融入我们阅读记忆和抒情想象的次要元素精心区分开来。

在将日本和欧洲的平面艺术进行比较时，人们不禁会联想到某些作家的观点：远东大师们忽视了第三维度，而这也正是他们的艺术风格中最为显著的特点。事实上，大师们是通过另一种方式来阐释第三维度的，即减少空间，却并非任意而为。为了理解这一点，最有效的途径便是研究他们解决或绕过线性透视（la perspective linéaire）和空气透视（la perspective aérienne）问题的方法。

---

[1] 19世纪法国作家爱德蒙·德·龚古尔（Edmond de Goncourt，1822—1896）及其弟于勒·德·龚古尔（Jules de Goncourt，1830—1870）是最早向西方介绍日本艺术的欧洲人。在1881年出版的专著《艺术家之家：日本与中国艺术品收藏》（*La Maison d'un artiste. La Collection d'art japonais et chinois*）中，爱德蒙·德·龚古尔介绍了许多自己精心收藏的日本艺术品，如版画、武士刀、根付等。随后，他于1891年出版《歌麿：青楼画家》（*Utamaro. Le peintre des maisons vertes*），并于1896年出版《北斋：18世纪的日本艺术》（*Hokusai. L'Art japonais au XVIIIᵉ siècle*），先后将日本浮世绘史上的两位传奇大师及其作品成功引入西方艺术界。——译者注（本书注释如无特殊说明，均为译者注。）

《五段目》(*Godamme*),出自《忠臣藏》(*Chūshingura*),亦称《四十七浪人传说》(*La Légende des 47 Ronins*)第五幕,版画,1806年。

    日本艺术远非人们通常所认为的那样,反对在描绘生命和自然力量时表现出动态。猛兽扑向猎物后的松弛,牝鹿受惊后的急奔,鱼儿浮游水面时的甩尾,尔后,还有随着传统戏剧复兴而来的狂热的表演和演员们奔放的动作,一切都将动态表现得淋漓尽致。日本艺术排斥西方原始人类因愚昧无知而创造的用以将形式象征化的技巧,例如埃及艺术中正面律(la loi de frontalité)所要求的奇特的身体偏离。它沉醉于图像合成的美感,并大胆谋求其解决方法。长久以来,装饰性的造型艺术、用泥土和砂岩塑造立体感等技巧都为此奠定了基础。日本艺术对肌肉的紧张、蜷缩和抽搐都有着深刻的理解与生动的表达,一如对女性身体的优雅动作和柔美曲线的描绘。日本人并不拒绝阐释某些因无知而显得大胆的生活表现形式,因此人们在欣赏日本艺术时，不会觉得这是一个笨拙的民族。如果端详日本艺术的历史演化，我们会发现，即使念及它在艺术风格与现实主义之间的摇摆，也没有哪一种艺术能够更快地"释放"和更为直白地涉及各种生命形式的绘画。

然而，构建动态形式需要解决牵涉主体的突出与透视等难题。凭借准确的布局、精准而有力的线绘，日本大师们得以平衡景距，留给观者的印象不再是纯粹装饰性的蔓藤花纹，而是具体的空间。在立体感方面，他们常常满足于运用一些暗示性的迹象、强烈的色彩和景间的过渡（尤其受到一些中国画派的影响），以让我们感受到突出主体的效果。欧洲艺术善于直白地表现形象，日本艺术则为观赏者提供框架范围，使我们的空间感自行构建第三维度，其准确程度远超最为灵巧的画笔。在这一点上，日本艺术并没有试图用幻象来欺骗我们，而是任由我们依照习惯自由地感知。它忽略了阴影，正如它长久以来都避免用装饰和背景来环绕形象。西方画作好似剪裁自大自然，通过研究，我们能在画中发现大师们的技巧和个性。而日本艺术作为一个符号系统，则通过纯粹的暗示来影响我们。

观察日本风景画史上的这些权威准则是件趣事。直到18世纪末，日本画家在表现透视效果时，仍囿于一些谨慎保守并熟练擅长的艺术惯例。彼时，二流艺术家司马江汉[1]将为欧

---

[1] 司马江汉（Shiba Kōkan，1738或1747—1818），日本江户时代末期艺术家、思想家与天文学家，日本洋画的创始人，日本铜版画最早的制作者之一。（对于作者在书中提及的人名、地名等术语，能够查询到具体信息的，译者做了翻译处理；无法查询到具体信息的，译者仅保留了罗马拼音。）

洲人熟知并善用的透视概念引入他的故乡。或许会令人感到奇怪的是，一些艺术家长久以来十分善于描绘人体各个角度的动态，且能够解决绘画中涉及的所有相关问题，却在数百年间忽略了一项在我们看来对风景画创作不可或缺的技巧。不同于描绘人物，为了让我们拥有一个准确的空间概念，通过空气透视来显示相对距离，比精确界定空间形式更为必要。日本艺术家们却避免使用消失线，而注重于向我们展示相互平行且平行于地平线的不同平面，换言之，从正面构图。此外，他们给予这些平面本身以浓淡色度的相对变化，从而达到色调的和谐。如此一来，他们方可获得一些确切的艺术效果，作出的风景画构思相当完备，笔触相当精确，散发出非同寻常的诗意。

这便解释了朦胧画派——水墨画（sumi-e）——风靡一时的原因。自 15 世纪末起，以雪舟[1]及其弟子为代表，在中国画作与由禅宗哲学传播而引发的自然主义大复兴的双重影响下，水墨画加强了对雨和雾的研究。弥漫着水分的空气吸收了强烈的阴影，让观者在覆盖着所绘形象的薄网（为日本天才所熟悉的自然形态）之下，揣摩某些精心且渐变排列着的柔和色调。然而，在日本艺术，包括雪舟派的作品中，雨、雪、月光，空气中蒸汽的密度，或夜间反射的光芒，都保有典型的平面艺术的特点。色彩明暗变化的范围是有限的，其表现

---

[1] 雪舟等杨（Sesshū Tōyō，1420—1506），日本室町时代画家，日本汉画的代表人物，开创了日本水墨画。

强度却达到了顶点。走笔至此，我眼前便是水墨画大师之一雪村[1]的两幅风景画：风雪横扫过后的一座小山谷，冬日天空中快速掠过的一群大雁穿过薄雾。这两幅画的右侧均画有一棵样貌狰狞的树，枝叶参差密立，高耸在色彩调和的灰沉沉的背景中。它们几乎只是两个斑点，笔触遒劲，恰恰被看似不经意而为的渐变色彩突显出来。这两棵树有助于隐去山峦和远处的积雪，但其首要作用是平衡画作的构图与效果。通过被形如指套的云带所取代的远景与近景间的精心留白，以及节省笔触而保留的荒凉、通透且明亮的广大空间，艺术家赋予距离和氛围以象征意义。为表现天空的深度，版画家在天顶和地平线间插入了两条狭窄且色彩渐弱的暗带。在暗带之间，由于强烈的视错觉，天空显得更加深邃了。

这些处理方式便是日本大师们用以诠释第三维度的绘画手法的典型特征。在他们眼中，存在着色彩的明暗变化，即亮度等级，或言灰、黑色调之中的强度分级。然而，这些浓淡色度不仅被简化，且相比于暗示立体感，它们更多地用于产生色调效果。18 世纪后期的 30 年里，在描绘演员和艺妓的版画中，时常会看到纯粹的黑色。烟炱印制的、如天鹅绒般美丽的黑色，镶沿或环绕在印有花枝图案的长裙边上，让散发着学者气息且如夜般漆黑的发丝更加浓郁。这些纯粹黑色的存在，是为了映衬出其他色调的鲜艳，平衡略着浅色的背景，

---

[1] 雪村周继（Sesson Shukei, 1504—1589），日本室町时代后期禅僧画家，自居为雪舟的后继者，以个性鲜明的画风成为室町时代水墨画的代表画家之一。

显示用色的泼辣,犹如一组和谐色调的中心。而假使没有它们,和谐的色调将会变得暗淡且分散。但这些纯粹的黑色远非用来塑造立体感的,反之,它们会破坏可能表现出的立体感。

如果端详过日本画家的创作工具并了解其使用方式,便能更好地解读类似的绘画观念。

欧洲画家的画刷[1]恰如其名,通常由猪鬃制成,坚实而粗糙——因为画刷要用来蘸取一种厚重且具有黏性的颜料,并在毛糙的背景上涂抹。扁平的画刷能使直角笔触并行,圆润的画刷则能堆积、加厚色彩。借助手腕的灵活运动,画刷游走在画布或画板上,无论笔触是生硬仓促的、才智机趣的,抑或是温柔热忱的,其轨迹都同时受到所涂颜料的引导和限制。油彩的流动性使得行笔灵活自如、不费气力。颜料的黏稠度保持了笔触的色调,以某种方式将其固定、塑形于转瞬即干的颜色上。倘若想要重画,则必须使用一些技巧来加以软化。画刷的任务便是覆盖,即将画布隐于一系列并置和堆叠的颜色之下。在大部分昔日大师的杰作中,画刷的痕迹极少显见,唯有技艺娴熟之人方能辨认。这项技巧通过色彩的饱满度与密度来表现画作的明暗变化和立体感。

---

[1] 法语原文"brosse"既表示"画笔",也有"刷子"的含义。

《阿倍仲麻吕*》(*Abe no Nakamaro*),出自《中日诗歌写真镜》(*Miroir de la poésie chinoise et japonaise*)系列,亦称《诗人写真图》(*Imagerie des poètes*)系列,彩印版画,1833年。

* 阿倍仲麻吕(Abe no Nakamaro,698—770),全名阿倍朝臣仲麻吕,又名晁衡,是日本奈良时代的遣唐留学生之一,唐朝政治家、诗人。

日本人的画笔与我们欧洲水彩画家的画刷相似。这种画笔由皮毛柔软、丝般顺滑的北方小型啮齿动物和小型食肉动物的兽毛，抑或是类似于丘鹬和雨燕的鸟羽制成，尺寸千变万化。笔端如绘图笔一般细长渐尖，隆起的笔身则可蓄满大量水分。它既能描绘出最为纤细的线条，又能勾勒出最为蓬勃的色调。书法般优美且无法修改或通过重描来补救的笔画，要求艺术家之手具备极高的准确性。此外，画家移动的不是手腕，而是前臂或肩膀，执笔时手指紧捏有时甚至被整个手掌紧握的笔杆。这样的绘画方法看似令人十分惊奇，却是合乎逻辑的。北斋的一幅小尺寸版画（遑论他那幅描绘自己手脚并用地作画的趣味盎然的速写）便向我们展示了这种画法的不同侧面。欧洲绘画犹如一种剑术，并非所有刺击都要剑无虚发，因为大部分落笔都用于奠定色调，且笨拙的笔触可以轻易地通过覆盖重新得到处理。而此处，线条应当一笔落成。在均匀色调方面，人人都知道对于水彩画而言，无法在不加重或模糊颜色的条件下经常性地改变色调。为了避免手腕和手指的紧张或无力、细碎蹩脚的笔触以及抖动的线条，日本人通过借助肩膀或前臂，以确保线条的雄健有力、威严庄重和色调的大胆明快。希腊瓶画[1]画家也是如此进行创作的。那些源自家庭生活的迷人图景，那些取材于传说和历史的优美片段，精巧地装点着公元前5世纪的白色细颈长瓶瓶侧，它

---

[1] 瓶画作为古希腊美术的重要类型之一，是古希腊人绘制在陶制器皿上的装饰画。其内容丰富，通常表现神话故事和英雄传说场景，反映了古希腊人的战争、祭祀、歌舞、运动等活动状况。

们被以同样的方法描绘于陶土之上。在欧洲早期举办的某次日本艺术展览结束时，爱德蒙·鲍狄埃[1]先生在其发表于《美术报》(Gazette des Beaux-Arts)的一篇美文中首先指出了这一相似之处。两种孕育自空间与时间截然不同的两个地区的人类智慧形态，由于相同的技术和相似的艺术效果，显得如此接近。然而，这是否应被称作一种同源性，并且有必要诉诸历史来解释此类事实呢？尽管亚历山大（Alexandre）将印度希腊化的举动和犍陀罗（Ghandara）希腊式佛教艺术的理性思考，对5世纪的中国雕塑艺术和8世纪日本令人赞叹的青铜器制造者产生了显著影响，希腊和日本之间却不存在任何一段历史关系足以解释两者在绘画艺术技巧和画笔使用方式上的类同。那么是否应当运用丹纳（Taine）的方法加以分析呢？丹纳的信徒们必然会在种族、政治和社会领域的坚实基础上，对希腊文化和日本文化进行类比。倘若我们效仿鲍狄埃先生，仅着眼于古希腊瓶画和日本大师们用笔尖描绘的清淡速写，就应当像他一样承认，这两个如此幸运地具备艺术天赋的民族，都同时拥有十分简朴的主流审美表达和非常考究的审美品位。他们能够创造出极为相似的作品，与此同时，在同样的技术需求的驱动下，他们以同一方式使用几乎一致的工具和器材。必须补充的是，毫无疑问，日本人也曾震惊于希腊人以人像环绕瓶身的方式修饰陶瓶，而日本陶瓷制品随性的自然主义特色装饰，即使不会困扰迈锡尼或克里特岛

---

[1] 爱德蒙·鲍狄埃（Edmond Pottier，1855—1834），法国艺术史学家与考古学家，致力于古希腊和古罗马的艺术与考古研究。

的土陶工，也至少会让雅典的手工艺人感到困惑吧。无论如何，鲍狄埃先生的比较所显示出的，是一种技术经验的永恒力量，它相隔漫长的时光甚至诸多世纪，最终导向相同的结果。对这一本质的观察表明，研究古老的工具可以获得许多意想不到的丰硕成果。而假如没有这些工具，人类艺术便不会存在。

1878年，爱德蒙·德·龚古尔有幸在菲利普·波尔蒂[1]家中见到了画家渡边省亭[2]，并目睹了他的工作状态。关于这次会面，龚古尔为我们留下了一篇有趣的记述，收录在他的《日记》（*Journal*）中。念及叙述日期，应当意识到，龚古尔描写的是一个同时代艺术家的行为举止。然而，渡边省亭处于本应从属的绘画领域之外，亦不使用日本特有的工具和物品进行创作。尽管如此，这份资料依然具有参考价值。

首先，似乎某种运动观念对于日本艺术而言并不陌生。仅仅创作一幅精美的作品是不够的，这部作品还应当在某些特定条件下展现出外在优雅，并于既定时间内完成。"绘画，在日本的珍贵之处在于，"龚古尔说道，"不允许修改线条，

---

[1] 菲利普·波尔蒂（Philippe Burty，1830—1890），法国艺术评论家、画家暨收藏家。19世纪中叶，日本艺术在欧洲风靡一时，日本版画尤其成为印象派画家崭新的灵感源泉，影响了诸如文森特·梵·高、埃德加·德加、爱德华·马奈等名家的创作。波尔蒂收藏并展出了大量日本浮世绘，为日本艺术在欧洲的传播贡献匪浅。此外，他还创造了"japonisme"（日本主义）一词用以定义这次和风热潮。
[2] 渡边省亭（Watanobe Seitei，1851—1918），日本明治－大正时代画家。作为首批到访欧洲的日本艺术家之一，渡边省亭于1878年参展巴黎世界博览会并获得奖章，凭借其细腻而洒脱的花鸟画名声大噪。

不能有任何悔笔。人们甚至对创作速度都给予了一定的重视。当艺术家开始作画时,他的同伴甚至会跑去留意钟摆上的时间!"人们可能觉得,上述顾虑是纯粹个人性的刻意之举,我们所接触的是一个外来的异乡人,他欣喜于向一些野蛮之人展示自己精湛的技艺。然而,我们将会发现,日本艺术远非反对挑战;相反,它为我们提供了无数例证:北斋便制作出了一些巧夺天工的杰作,堪称最具艺术性的街头画家的作品。渡边省亭在一张丝制画板上作画:丝绸上涂有树胶,十分轻薄且近乎透明,被白色的木框绷紧。除了从故乡带来的几根墨条,他所使用的颜色,尤其是藤黄色和蓝绿色,都是欧洲水彩画家最心仪的颜色。想象或回忆,以及对自然或大师们的观察所得的记忆,是渡边省亭唯一的创作指南。他没有模特实物,却在工作时具有惊人的准确性,犹如一个"掌握"了绘画对象及其所有艺术奥秘的人。"首先,作画伊始,画板中央一如既往地出现一张鸟喙,再变成一只鸟,尔后出现另外三张鸟喙,随之又变成三只鸟:第一只呈浅灰色;第二只白腹绿翼;第三只有黑头林莺一样的外形;第四只脖颈带红,如红喉雀一般。画作将成时,他会在画板上方添加第五只鸟,一只鸟喙为珊瑚红的禾雀。这五只鸟是用最为精细的手法完成的,几乎可以看到它们的羽毛在抖动时窸窣作响的样子。"如此作画,没有实物,没有速写,亦没有腹稿。渡边省亭避免用粗线条勾勒他所描绘的对象,避免限制或安排自己的创作。人们可能会思忖,渡边省亭是否会如近代日本的许多底层艺术家一样,成百次地重复绘制仅在买主眼中崭新且即兴

《潮干狩*图》（*Récolte de coquillages*），绢画，1800年。

的画作。然而，简单的描绘对象和日本画家灵巧的构图传统在某种程度上让我们有理由否定这一假设。此外，水彩画的技巧明确反对构建浑浊无光且难以消除的底色。

透明度和轻盈性是必不可少的，水在此处发挥着至关重要的作用。水赋予画作魅力与外壳，能浸润色调，并确保其和谐统一。渡边省亭单手执两支画笔："一支极细，蘸满鲜艳强烈的色彩，用以拉长线条；另一支略粗，饱含水分，用来拓宽线性轮廓，并加以晕染……"这种对水的巧妙运用让艺术家得以画出天空及其效果："在全然空白的画板上，渡边省亭浸湿了绝大部分画面，并在四处保留了一些边缘不规整的碎块，形似一群小小的岛屿。将画板放在用一张报纸燃起的火焰

---

* 日文"潮干狩"，意为落潮时在海滩赶海、拾贝。

上稍稍烤干，在浸润的部分还保有一丝潮湿时收回。接着，突然间，仿佛完全不在意画作的精美程度似的，他泼下大片中国墨汁，用獾毛排笔涂开墨迹，在灰色天空清淡的中间色调（demi-teinte）之上，凸显包裹在一层白雪间的枝丫和飞鸟，而这白雪是由丝绸上那些被烤干的群岛神奇般地构成的。"如此先进的画板，采用一种全新的可经受大量水洗的材质，在减轻工作量的同时，仅留下一幅模糊的图像。重新烘干，周而复始，再次洗涤，所有工作都在潮湿的环境下进行。完成之时，渡边省亭为他的画作添加了强烈的明暗变化：用墨水画出的鲜明斑点，化为一株小小灌木的黑色主干。

如此这般，一幅光线柔和的作品便诞生了。除了龚古尔口中的那些拖长的线条，它毫不生硬；得益于工作的省约和笔触的通透，它没有晕化模糊造成的沉闷感。当欧洲画家在画板上涂抹一种浓稠的树胶时，其沉重感和混浊度很难通过使用油彩和釉料得到缓和。而我们的日本画家则巧妙地运用水来表现画作的鲜亮、光泽和柔美。渡边省亭并不遮盖光线，而是谨慎地处理光线。这大概便是各国水彩画的奥秘所在。然而西方水彩画（倘若我们暂且不谈透纳［Turner］的杰作）仍旧受制于我们的空间观念和对立体感的苛求。除去少数例外，西方水彩画受到油画的影响，同样趋向于表现"完整"。更加执着于图像且同样非常灵活的日本水彩画则线条更为稀少、精挑细选，色调更为细腻、匀称调和，浸浴在一种宁静氛围所散发出的湿润的澄明之中，而这氛围里无用却强烈的阴影并不会打破作品整体的和谐统一。

出自《北斋漫画》(*Manga*)，第12卷，版画。

  绘画总是或多或少地要求雕刻顺应其图像。但在某些情况下，雕刻能够且应该被视为一门独立而完整的艺术。一些名作便向我们展示了符合纯粹个人化技巧的新颖独特的雕刻效果。然而，翻阅一箱创作于不同时代的版画，我们就能够意识到绘画的演变。马克-安托万[1]纯粹而朴实的风格出色地阐释了拉斐尔（Raphaël）的艺术。荷兰蚀刻版画的纵深感毫无遗漏地显示出哈勒姆（Haarlem）和莱顿（Leyde）的大师

---

[1] 马克-安托万（Marc-Antoine，1480—1534），本名马尔坎托尼奥·雷梦迪（Marcantonio Raimondi），意大利雕刻家与版画家，世界上第一位版画临摹雕刻师。16世纪初期，雷梦迪与拉斐尔展开合作，在拉斐尔完成图稿后，雷梦迪将其复制并融入自己的设计后制成版画。

《相州仲原》(*Nakahara dans la province de Sagami*),出自《富岳三十六景》系列,版画,1830—1831年。

《身延川里不二》(*Le Mont Fuji vu de la rivière Minobu*),出自《富岳三十六景》系列,版画,1830—1832年。

们表现阴影与透明的才华。我们可以在图书的插画中重新发现10世纪画家笔下清越而轻盈的和谐。此外，蚀刻版画和石版画在法国的复兴呼应了浪漫主义绘画中的悲怆黑暗、狂风暴雨和焦躁不宁。通过推广这一方法，我们或许能够以尝试描述绘画艺术特点的方式去描述欧洲雕刻艺术。

得益于其丰富的技巧，欧洲雕刻——一如绘画，或而更甚——是一门表现立体感和纵深感的艺术。很早之前，雕刻就抛弃了那些不能使其获得极致的灵巧细腻的色调变化与颜色强度的工艺。正因如此，在雕刻艺术史长达两个世纪的时间里，这门技艺几乎仅是一些凹版画的代名词。无论是通过或密或疏的点刻法来获取阴暗的美柔汀[1]版画，抑或是刻纹占主导地位的刻刀版画和蚀刻版画，雕刻艺术始终在追求色调与立体感。在铜版的凹陷处，墨水或深或浅地附着，确定着样张上色调或强或弱的明暗变化。纸张的空白在蚀刻版画或刻刀版画的刻纹间显现，从而获得丰富却不厚重的黑色，以及格外明亮的灰色与中间色调。线条的纵深感结合精心计算的刻纹间距，足以让雕刻师支配一系列色调。反之，凸版雕刻，即木版画，能够形成均匀的黑色，几乎所有凸出的线条都处于同一平面。当法国大师们在19世纪初期复兴凸版雕刻时，人们就明白了这一点，并成功地运用这种技艺复制了一些用

---

[1] 美柔汀（la mezzotinte）是一种铜版画技法：用摇凿或摇点刀在干净的版面上制出均匀密集的毛点，涂上油墨版面，再用刮刀和压刀调整毛点间的疏密关系，从而显示出不同的明暗色调。使用该方法制作出的版画层次丰富、色调柔和、精致细腻。

铅笔勾勒的线条清淡灵巧、趣味横生且别致生动的画作。而正是出于对凸版雕刻的一个致命误解——一方面为了满足凸版印刷广告的要求，一方面受到摄影技术的影响——人们想要赋予这门艺术以表达不同色调、某种效果和色彩渐变的能力，于是在木头上雕满单调的影线和刻纹。这便忽视了凸版雕刻的精神实质，或言其潜在价值。然而，简单纯朴的木材经过快速加工，变得厚重复杂，却也是一种严谨的证明。伴随着这种严谨，直至19世纪末期，欧洲艺术将各种形式甚或最为反叛的技巧，都用来表达全面的立体感。此外，即使在精美的木版画时代，甚至追溯至木刻技术的源头，我们都能发现用以显示空间饱满度的影线痕迹。它们节制地暗示形式，而非徒劳无益地将其填满。

或许通过版画，我们能够对日本人的空间诠释形成最为明晰的认识。这些线雕木版画的刻纹仅表现形象构图（借助于一些有时非常巧妙，却是纯线性的展现立体感的标志），而鲜少尝试重现阴影与光线的明暗变化。大师们并没有忽略影线：他们在刻画头发和皮毛的局部时精巧地运用影线，目的在于让我们感受到材质的真实性，而非获得一种色调。艺术作品往往仅限于纯线条如书法般的结合，而这些线条本身就是它们的价值所在。经过此番加工处理的木版画变得坚实雄浑，令创作于糟糕时代（我惧于说明正是我们所处的时代）的欧洲木刻显得浮夸、柔弱而晦涩。简朴的木版画足以让远东大师们以多种多样的形式来表达自我。司马江汉很可能熟知一些荷兰版画家的蚀刻版画：他也曾练习掌握这门艺术，但只是出于好奇或好玩。彩色印刷的实践同样意义深远。日本人真正成为版画大师是在很晚之后，因为直到1765年，春信[1]才通过明确地规定印版拼合标记而实现了多色印刷。在凹版雕刻中，颜料只有通过极高密度与极其精巧的影线或点刻才能附着在铜版上。此外，为了黏附在刻纹的凹陷处，以及通过平行或并列的细小沉淀在纸张上保持立体感，颜料必须由浓稠、紧实且耐久的材质构成。通常，为了使色调更加一致，尤其为了降低雕刻版画的难度，人们用颗粒纹理系统地替代线条：不透光性于是成为无解难题。我们近代的彩色版画沉闷、油腻且闭塞的一面，便由此而来——它们可能是有史以来的艺术创造中最为庸俗的作品。对于线雕木版画而言，正如日本人实践的那样，颜料不会被厚厚地压实填充在影线之间，而是被均匀分布在为达到此种效果设置的浮雕表面。由于颜料毋需很强的黏附力就能固定在纸张上，它完全可以是轻薄、流动且不掺杂质的。较之于赋予颜料一种会弄脏或加重色调的极高稠度，以达到使之变黏的目的，日本印刷工人更愿意于印刷前，在印版上涂抹一层薄薄的透明胶水，来确保色调稳固、恒久不变。同样，他们使用的颜料也是最为鲜艳清透的水彩画颜料。一幅日本版画便是一幅水彩画。

---

1 铃木春信（Suzuki Harunobu，1725—1770），日本江户时代中期浮世绘画家。铃木春信改造了旧式版画印法，首创多色木版画，即锦绘，在推动雕刻师与印刷师技术合作的同时，促进了浮世绘的发展。

《隼与太阳》（*Faucon et Soleil*）和《隼与樱树》（*Faucon et Cerisier*），双连画，版画，1828—1834年。

《浅草集市》(Vue d'Asakusa)，出自《画本东都游》(Vues de la capitale de l'Est)系列，版画，1802年。

日本艺术因而被澄明的气氛所包围。澄明，不仅因为这氛围没有被明暗对比和复杂的立体感变得沉闷，还因为颜料伴随着一种明亮的轻盈在底色上闪耀，却没有加厚底色。版画正如它的原画范本一样，纯净且明快。在沿着直纹方向截取的木版上，雕刻师在两个较深的切口之间画出线条，并用锤子敲打不同尺寸的圆凿或小凿来逐渐清理线条。这部分工作完全可以交由女性去做，18世纪的一些版画便向我们证明了这一点。在包含整幅图画线稿的黑线木版上，还叠加着一些彩色木版，每一张上面都只刻有与某种色调相对应的一部分图画。印刷从来不是用印刷机完成的，而是用印章或刷子。有时，印刷工人会用肘部轻轻按压，以便利用木材的凹陷处，在样张上获得一种立体感，后者赋予了这些精美的版画一种雅致、奢华且非凡的印记。

事实上，雅致正是这门艺术最为迷人的特质之一：制作时物质条件中的雅致（表现为最惊人的技术难题的巧妙而迅速的解决方法），简单与纯粹的元素中的雅致，画作的书法之美中的雅致（正如曲折起伏而又顿挫有力的日本草书，及其与中国表意文字笨重的方块字相比，极为个性与生动的一面）。除了这些非凡之处，版画艺术的雅致还体现在纸张的选择、金属般的浅色笔触以及立体浮雕的运用方面。

欧洲直纹纸，即古老的荷兰纸，质地饱满而坚实，是承载丰富的黑色的最佳纸质。它有着既粗糙又丰满的一面：光线在纸张上自然地显现出油润、饱满与立体感。而被我们当代人称为日本和纸的纸张，则表面光滑，有大理石花纹，色调温暖，其颜色不近似黄绿色时非常美丽，且体积宽大，结实耐久。日本精美的印刷制品所用的纸张看起来还像是一种纺织材料，其本身也正是由丝绸碎布制作而成。它远非现代日本和纸那样硬与脆，而是保留了一种均匀的柔软，以及最为古老的印刷纸张的那种极其宽松的纬线。这种纸轻薄无光，略微起毛，并没有表现出有时会让欧洲的日本和纸有斑岩薄片之感的那种光滑的硬度。它与被称为绉纸的独特的织物纸同属一类——30多年前，绉纸令奸诈狡猾的批发商们用苯胺墨印刷出的那些不尽如人意的日本艺术作品风靡一时。然而，这种纸虽不光滑，却也没有呈现出颗粒状的粗糙感，并非"皱皱的"。它可以清晰地显示颜色，而不会让颜色闪耀不明。

其实，色调的表达不需要借助于承载它的纸张。它仅仅以达到明亮且澄澈的和谐为目的，而这种和谐需要一些亚光的黑色暗影进行平衡与衬托，再根据不同情况，谨慎地使用金、银或锡来加以突出。通过在木版上用手指轻薄地涂抹，色调由一种过渡到另一种，从而获得了色彩的渐弱，还有色调的调和、模糊、减弱，但绝不会混浊不清。即使在描绘夜晚的画作中，混沌的黑暗也从不会淹没色彩。炫目庸俗的现代印刷品中也依然没有显脏的、泥浆般的色调。这种宁静的雅致在使用浅色笔触时非常明显。没有一幅作品像粗野的东方人沉重的装饰品，譬如一件闪闪发光的金银器那样，是涂满了颜料的。稀疏的微光洒落在版画上，并不加厚底色：它们似乎混合在纸张的纬线中，与之结为一体。在捕捉萤火虫的夜空下，轻缓地闪耀着银白的小点，随着人们向右或向左倾斜版画，色彩闪烁纷泊：混合在色调中的云母片让夜晚变得更加清透明亮。摺物（surimono），即饰以祝贺或恭维诗句的精美的小型节日版画，在这方面具备一定程度的丰富性和无与伦比的工艺诗意。装饰摺物的浮雕不会像钢印生硬的印花般使纸张不自然地膨胀。这些浮雕镶嵌在颜料上，从不为我们的视觉带来色列中最活泼跳脱的色调，它们为版画精致的奢华感增色，而又不损失其和谐性。

因此，日本艺术——倘若人们力图总结其在欧洲人眼中最为显著的特征——并不追求模仿再现，而仅仅以暗示空间的第三维度为目的。它限制了从效果角度而非立体感角度进行阐释的明暗变化等级。通过一些线性标志和强烈的笔触，或是轻微渐弱的景间过渡色彩，日本艺术就能在不使用阴影的情况下显示出空间立体感。这是一门卓越的平面艺术，同时能使色彩达到最为巧妙的和谐状态。日本艺术有意限定作画方法，且从不将资源复杂化，水和柔软的画笔在其中扮演着首要角色。它受制于创作中对雅致的关注，以及对简单、美观和稀有材料的使用。最后，值得清楚解释的一点是：日本艺术似乎幸运地无关任何精神考量。

西方艺术满足了某些现实需求。我们的空间审美观念、对"真实的"（vraie）图像的热切渴望便是绝佳证明。但是，对我们而言，正如画家们为我们呈现出的那样，自然和生活的各方各面与我们的空间习惯相一致，是不足够的；目光只围绕着被简化到二维，并通过阴影与光亮的正确分布而得以重新突显的空间，亦是不足够的。此外，还需要画作中的人物比鲜活的生命更有力地去表达他们内心世界暂时的面貌和持久的根基。我们希望景致能反映出意识状态，于是要求大师们进行创作时，不仅要服从平衡与和谐的法则，还要遵循一种组织动作与姿态的内在逻辑。由此产生了一项令人赞叹的人文调查研究，一种戏剧观念，一种东方艺术没有为我们提供范例的思想深度。从16世纪末期意大利美学异教的衰落到近年来的印象派运动，欧洲精英阶层不曾停止过为自然赋予精神或情感意义。而倘若没有担负起体现这些意义的任务，艺术便会显得空洞无物。浪漫主义远未与这一传统决裂，反而加强了它的要求，并且伴随着众多创作意图打破了艺术的边界。通过促进空间艺术与时间艺术的交流，浪漫主义丰富了两种艺术成果本就多样的技巧。心理学家、诗人与历史学家都为画家提供了启发和建议，文学家则强占了他们的作品：为了理解画作为何如此构思，毋需具备相关能力或审美品位，只需赏画者是一个感性且有修养的人便足矣。对艺术内容的研究或许可以从思想和情感方面来进行，而不必对其形式特点和技术起源有片刻顾及；甚至将艺术内容阐释为一系列用词法无关紧要的语言描绘出的现象，也是合乎情理的。另外，文学的入侵严重损害了艺术的纯粹性，也让艺术批评变得容易且专断。

尽管拥有广博的文化，但我们已经习惯于这些几乎不可能抛却的惯例。所有未承载理想性、未实施秘诀以向我们传达一种情绪或一个概念的艺术，在我们看来都是纯粹的装饰。正因如此，在那些最好、最新的，对日本有着最深刻、最熟悉认知的作家笔下，日本艺术被称为装饰性艺术，意即日本艺术仅仅是藤蔓花纹围绕的一些斑点，有趣却空洞，无法动人心弦、发人深省。

首先须知的是，"装饰性"（décoratif）一词极不确切，因为在日本，平面艺术大作以及版画本身并不用于装饰。除悬挂在家庭祭坛上方并被不时更换的字画卷轴之外，日本人会藏起他们的艺术珍品，兴起之时才会奖励自己加以欣赏。日本人的房屋尽管不甚稳固，其墙壁仍然完全足以承受这些杰作轻巧的重量。风雅之士展开一幅珍贵的画卷，会期求获得比看到一间装潢精致的客厅或一页精美的书法更为微妙与深刻的乐趣。然而，他并不追求对绝对的痴迷、对激情的滋养、对自我存在的热忱或惆怅，抑或是超验道德的经验教训。他满足于看到画中人类智慧与大师品位形色兼具的绝美表达。在他的眼中，一幅艺术作品与其说是一种象征或一个载体，更是一个独立的客观现实。当它表现出在事物中能够极好地辨认或挑选出精妙元素——这些元素从最为古早的年代开始就教会人类各种名词用以爱慕世界之美，即不同形式的优雅、秀丽与庄重，而无需借助任何感性评价或任意一种文学形态——的才能时，我们是否应该说，这幅艺术作品是空洞的？切利尼[1]在自己的一部论著中建议他的门生长久地欣赏并临摹一块被称作骶骨的骨头，因其美丽绝伦。同样，一把刀的曲线也是优美的，正如一名演员的姿态或一条女士长裙的褶皱之美。毋庸赘言。来浏览我们的版画画册吧，把它当作宇宙间最稀有的、讲究之人最宝贵的物品的精心选集。其引人入胜的题材出自一些朴素却不平庸、娴熟却无冗余技巧、富有表现力却不粗俗的艺术家之手。

---

1 本韦努托·切利尼（Benvenuto Cellini, 1500—1571），意大利文艺复兴时期的金匠、画家、雕塑家和音乐家。

《鸳鸯》(*Canards mandarins*),版画,约1813年。

对某一特殊时刻、季节、主题的选择会唤醒我们自身激动人心的情感联想,并延长某首引人入胜的私密诗歌在我们心中的回响。日本艺术家知晓这一点,且加以运用。但是他们并不恣惠我们,不会抓住我们的手,将我们强行拖入一种场景。正如日本艺术家满足于暗示空间一样,他们还为我们的情绪提供了一些仅在我们自身展开的美好的平面艺术主题。这些谨慎保守的艺术向导让我们在庄严的景致和优雅的女子面前陷入沉默。我们身处一个诗人仅用数个音节便能让读者领会其喜怒哀乐的国度。于我们而言,短歌(tankas)与日本艺术作品所表现出的,恰似那些源自一种正义之声的幻想。

某些评论家受到老旧文学习惯的愚弄,同时又关切于美学程式——一种对日本人而言似乎无关紧要的投机方法,他们不惧于提出日本人的艺术是将材料发挥到极致的见解。如果这意在言说，日本艺术反对抒情性的连篇废话和庸俗道德观念的忧虑，并避免我们对明艳的外表进行简短而空洞的推论，那么除了用词不当，他们几乎别无过错。然而，倘若以此为借口，将日本艺术界定为一种对材料的粗糙处理，则可能犯下一个更为严重的错误。诚然，日本艺术尊重材料，在材料中琢磨和描绘经久的图像，但其目的远非强调材料，而是对材料进行诠释与粗略加工，让生命的血液流淌其中。"节省"必要的线条并精简其余一切的木版画雕刻师，便是日本艺术的一个完美象征。于日本艺术而言，只需一些在水中稀释调和的线条与色调便足矣。它抛却了所有混浊模糊或了无生气的元素，战胜了老旧的沉重精神（l'esprit de lourdeur）。随着其创作手法日益轻盈灵巧，日本艺术得以兴起；并且，它忽视如同无用的技术难题一般的道德价值，保持透明、和谐、灵活，在我们为反对沉重而焦虑担忧、与之斗争时，从容地描绘出一个宁静的宇宙。而这方宇宙中，灾祸与享乐的图像本身，在这些平静的魔术师笔下，总带有几分庄严、高雅和优美的色彩。因此，当拉夫卡迪奥·赫恩[1]谈及这门艺术精妙的灵性时，他是言之有理的。西方人同材料本身作斗争。他们在泥土中塑形、雕刻画作。为了让观赏者领略生命和自由之感，为了向我们传递画家的所有梦幻，西方人描绘那些

---

[1] 拉夫卡迪奥·赫恩（Lafcadio Hearn, 1850—1904），又名小泉八云（Koizumi Yakumo），爱尔兰裔日本作家、学者，现代日本怪谈文学的始祖。赫恩对日本的文化、思想、风土人情抱有极大热爱，著有不少介绍日本民俗及传统文学的作品，对日本文化、文学在西方的传播以及东西方文明的交流作出了突出贡献。

由自身沉重感连接起来的形态。他们与之碰撞，使之碰撞，以非凡的气力和口才与之争斗，其杰作因而浸满汗水。日本人则有所节制：他们缩减空间，驱散黑夜，简化并提炼知识。如果他们的才华依然使我们感到困惑，可能是我们在其中徒劳地寻找自我斗争与昔日痛楚的痕迹而无果的缘故。

进化概念勉强适用于西方的艺术研究，用于日本艺术史的研究则更为牵强。并非日本艺术没有经历变化，相反，它富有连续且多样的面貌。然而，这些转变本身并不具有连贯性。日本艺术永远在两种美学间摇摆，而使之摇摆的节奏则引领着它的历史走向，并规划着它的所有表现形式。当日本艺术因自身过分考究或日益稀薄的学院派氛围而疲惫不堪，它便时而脱离生活、时而贴近生活，以汲取使其重焕活力的元素。但是，由于对艺术风格的细致关切，这些崭新的诱惑反而失掉了活力与青涩，直到某一天，这种纯粹可能变得抽象、单调且枯燥。不同流派如此交替而至，一个接一个地经历相同的更迭焕新，尔后是相同的净化过程。它们的内在历史演变遵循着同样的节奏。狩野派的大师们起初以他们梦幻般的自然主义对抗土佐派的封建艺术，但在18世纪初期，他们转而变成了纯粹主义。对陈词滥调和传统形式的滥用限制了他们的艺术，并使其变得贫乏。

对现实的犀利剖析，一方面，可谓真实主义，另一方面，可谓书法主义——这便是日本艺术不断交替的两面。这种摇摆已经被日本民族的种族天资及其恒久的觉醒阐释得相当充分：这是一个对所有生命意义和有机活动都最为好奇的民族，是最具观察者特质且对家庭生活中的诗意最为敏感的民族，与此同时，也是在情感表达中最为敏锐与讲究的民族。此外，这种摇摆还可以通过被简化为简单且富有暗示性表达技巧的特点得到诠释。这一技巧能够捕捉飞翔中的生命，并为我们描绘最为雄健有力、最为高雅而又最不具偶然性的图像。最后，这种摇摆还可以用公众和道德界之间的差别来解释。后者热爱这两种艺术，并促进其发展，同时对民族文化久而久之为平民阶层带来的精神优雅给予重视。从18世纪开始，这种精神优雅让民众得以欣赏精美的作品，以及许多杰出日本人士的美学自由主义——他们曾为当代艺术而奋斗，并助其成为主流。但是，仍有必要在日本艺术史中为社会因素留出一席之地。贵族传统富有活力的纯粹和民众纷扰欢愉的狂热，依次或同时使这些作品和场所跃然纸上。或许，人们不会不知晓位于京都市和大阪市的四条派的民族和民众特性。但在百年柳杉的阴翳下，日本天皇的旧都始终是精英之城，是宁静、礼仪之所，是往昔的宗教守卫者。那些受到旧都影响的流派，那些被皇子封为贵族并成为帝国显贵的大师们，诠释着一座神秘宫廷的奢华盛况，反映着贵族阶级的高傲思想。一位18世纪的随笔作者向我们叙述了某个贫寒绅士的例子：尽管多色彩印与色调悦目的花饰字画卷轴风靡一时，但他的儿子更喜欢追随墨派的古老传统，并练习黑白绘画。这一实例帮助我们了解到某一阶层的偏好中严格到有些生硬的差别。

然而，在江户的公共场所，在街角处，在露天书摊前，身着缠腰布、头戴草笠帽的强健小伙子们，墨田区的船夫们，苦力们，正在寻找主雇的武士们，所有游手好闲的人，所有爱看热闹的人，都在一页页薄纸前驻足。这些纸张上饰有为他们而画的图像，描绘着他们所有日常活动片段中出现的人物：同伴或心上人，手工艺人，著名演员，以及女子。

《艺妓的表演》（*Parade de courtisane*），版画。

在18世纪，这一生动活泼且大众化的艺术潮流接替式微的官方流派，受到公众的欢迎，其重要性、发展规模与反响效果都非同寻常。用最为纯粹的方式来表现这一潮流，且将各类贤才集结一堂的流派，获得了一个优美且意味深长的名字：浮世绘（ukiyo-e），即描绘流逝人生的流派。元禄（genroku，

《李白》（*Rihaku*），出自《中日诗歌写真镜》系列，版画。

1688—1704）盛世年间，干山¹和光琳²已经为这一流派的诞生提供了孕育的土壤：他们抵制屈从于中国画风影响的流派，并在一段时间内把"民族风格"，又名日本画（wagwa），以及他们艺术才华中所有刚健秀美的风度，强加于国家艺术之中。他们善于通过一些色调来暗示形象，这些色调极为大胆明快，极富民族与大和绘式（yamatisante）³的风味，以至于这些大师始终难以被西方评论家所理解。然而，他们的亲传门生则专攻花鸟绘画，是纯粹的装饰画家。有些大师独立于所有流派，如专画雄鸡的若冲⁴。他出身狩野派，尔后受到光琳的影响，最终回归明清流派的理念，后者要求通过汲取明清时代现实主义中国艺术的源泉，从国外引入新的灵感主题。

当和学家（vagakouça，即受日本文化影响的学者）效仿和学泰斗本居⁵反对汉学家（kangakouça，即研究中国古代艺术与哲学的学者）的影响，当传统戏剧和英雄小说绘声绘色地重叙日本往昔的荣光，在同一时代，风俗画派回归到日本生活所提供的范式。风俗画派关注街头工艺、居家生活片段

---

1 尾形干山（Ogata Koyetson，1663—1743），日本江户时代中期陶艺家，尾形光琳的弟弟。
2 尾形光琳（Ogata Kōrin，1658—1716），日本江户时代中期画家、工艺美术家。尾形光琳承袭并发展了表屋宗达（Tawaraya Sōtatsu，约1570—1643）的画风，形成了日本美术史上著名的宗达光琳派。该画派以装饰性绘画著称于世，对后世日本艺术影响深远。
3 "yamatisante"源自"yamato-e"（大和绘），即日本传统装饰画派。——编者注
4 伊藤若冲（Ito Yakutshiu，1716—1800），日本江户时代中期画家，擅长描绘花、鸟、鱼等动物形象，尤其是其画笔下的公鸡，动态丰富，栩栩如生。
5 本居宣长（Motoori Norinaga，1730—1801），日本江户时代中期思想家、语言学家，日本国学的集大成者。他极力反对儒家思想，提倡清除中华文化对日本文化的影响。

与乐趣、吉原街景¹，以及小人物所珍爱的古老传说。艺术家的整个朝代，即鸟居派画家的朝代，都专攻于描绘演员。民众争夺他们最喜爱的演员的图像：从饰演女角的喜剧演员到负责宣传的舞台老监督，再到脸上涂脂抹粉的肥胖蹩脚的演员。1681年，浮世绘的先驱之一师宣²，以《浮世百人美女》(Cent visages de femmes de ce monde éphémère) 这一感伤的题目，出版了他所处时代中最美的艺妓们的肖像集。不计其数的艺术家纷纷效仿。江户职业美人们的生活因而成为风俗画派最为钟爱的主题之一，由此也暴露出一些痴迷于女性独特气质、优雅举止、热情活力以及放荡不羁之人。他们被时而温情时而粗暴的欲火搞得精疲力竭，在吉原生活并终了余生。

浮世绘并非一开始便毫不费力地赋有这些新鲜的灵感，它也曾有过一些反对官方流派"陈旧殿堂"的论战、宣言与抨击。而革新者们掌握着一个自己可以不断完善的绝佳宣传方法——版画。政信³是极为罕见的红绘 (heni-yé) 版画的创造者。1750—1770年，版画家们致力于改革彩色印刷工艺。1765年，春信掌握了多色印刷的所有奥秘，并最终以彩印版画取代了第一代鸟居派画家需手工上色的黑白印刷，以及局限于两到三种色调的版画。这些轻盈且无比迷人的页面，这

---

1 东京的著名地区，以其风月场所闻名遐迩。——编者注
2 菱川师宣（Hishikawa Moronobu, 1618—1694），日本江户时代早期画家，菱川派创始人。菱川师宣擅长表现美人主题，其作品主角多为歌舞伎。他汲取大和绘的优良传统，确立了浮世绘的体裁与画风，因而被誉为浮世绘画祖。
3 奥村政信（Okumura Masanobu, 1686—1764），日本江户时代中期浮世绘画家、出版商。其作品画法多元、内容广泛，自创的红绘版画以红色为主调，相较之前的墨绘与丹绘，色彩鲜艳，奠定了其浮世绘大师的地位。

些突显着精致凹凸花纹的、被银色或金色色调低调修饰的水彩画，出现在奢华的版画样张与摺物中，向大众和精英阶层宣传着新晋大师们的名字。彩色版画推广了艺术才华，却并没有使其庸俗化。

然而，犹如漫长岁月中的其他流派一般，浮世绘包含了一种可以随着时间的推移而改造甚至分裂自身的元素。由于最初灵感的强烈与青涩，改造难以被察觉；而这种分裂虽不会衍生出极富条理和理论知识的竞争流派，却显见于艺术才华的演变和某些艺术家对同行的评判之中。作为一位风俗画派大师，一位用无上魅力与光彩表现风俗画的大师中的一员，歌麿[1]在狩野派的画室开启了职业生涯，并且始终铭记于心。起初，他反对末期鸟居派画家，即与他同时代的专门致力于描绘戏剧表演者的画家。"我不想借助演员来大放异彩，"他说，"我想要创立一个流派，不凭其他，只仰赖于画家的才华。"不过龚古尔在转述这段话时，展现在他眼前的，正是歌麿的一幅长长的摺物，画着一幕聚集了17名演员的日本戏剧场景……但在描绘伟大的喜剧演员市川八百藏（Itikawa Yaozo）大展风采的一场成功的戏剧演出时，歌麿用一群优雅的年轻女性替代了表演者。他说，扎堆模仿丰国[2]画风的仿作者们，

---

[1] 喜多川歌麿（Kitagawa Utamaro，1753—1806），日本江户时代中期浮世绘画家，与葛饰北斋（Katsushika Hokusai，1760—1849）、安藤广重（Ando Hiroshige，1797—1858）并称为浮世绘三大家。喜多川歌麿以描绘美人脸部或半身胸像见长，是首位在欧洲大受欢迎的日本木版画家。

[2] 歌川丰国（Utagawa Toyokuni，1769—1825），日本江户时代末期浮世绘画家，师从歌川丰春（Utagawa Toyoharu），是歌川派的代表人物之一，擅长描绘美人画和俳优画。

犹如"从朽木中钻出的蚂蚁"。而在伟大的丰国自身的作品中，正如在歌麿、荣之[1]的作品中一般，难道我们无法辨认出这种歌麿式巧妙的弱化，一种18世纪末期的含蓄、高雅与朴实吗？那并不一定是官方大师们抽象的书法主义风格，而常常是从前纯粹的大和绘式的风格。在《退潮之礼》（Souvenirs de la marée basse）的卷首，批评家鸟山石燕[2]题写了一篇激情四溢的抗议书来反对学院派。而不容忽视的是，在那一段历史时期，浮世绘或者至少是风俗画派的精英们，无论在整体主题的选择上，还是在表达方式和风格手法上，都倾向于一种更具贵族风度、更为苛求的艺术。

首先，北斋是一个学院派画家，与那些考究之人相伴相竞。其次，他的独立才华让他抛弃了制度与规则，并对所有能激发其自由性情的体验进行尝试。他想要对一切敞开怀抱。所有事物都在他如同宇宙般广博的艺术中占有一席之地。他陶醉于生活的景象和形态的多样性。即便在极端自然主义盛行期间，日本艺术都未曾如此过。这一次，审美体验深入生活核心本身，毫无保留，亦不加选择。人类与兽类，日常生活卑微的见证者，传奇与历史，庄严的上流社会与各行各业，

---

[1] 鸟文斋荣之（Chōbunsai Eishi，1756—1829），日本江户时代末期浮世绘画家，其作品以描绘美人全身像为主，笔触清雅柔美。
[2] 鸟山石燕（Toriyama Sékiyen，1712—1788），日本江户时代中期浮世绘画家，师承狩野派画风。鸟山石燕以其《画图百鬼夜行》三部曲闻名于世，其画笔下的妖怪表情丰富、神态各异，因而被视为日本妖怪画的最高成就者。

所有景致,大海、山岳、森林、暴风雨,寂寞春日里温润的雨,街角轻盈的风,旷野里的北风——所有这些,以及梦幻的世界,怪物的世界——如果人们用三言两语加以概括,这便是北斋的专长所在。

这样广阔而生动的作品,最为完整地表现了日本人两种天资中的一种,吸引着欧洲人,却也随即引起论战,并且直至今日,依然会引发一些重要论题。首先,除了研究日本主义的学者,北斋的荣光在西方最为热忱的推广者,要数一些以他为典范与榜样并珍爱他的艺术家了,不仅因为他的精湛技艺散发着稀有且高级的魅力,还因为他不会束缚观赏者自己的审美观念。1868 年的西班牙光荣革命让帝国珍宝散落欧洲各地,而从革命前夕开始,惠特勒[1]及其团队便得以认识并喜爱北斋。奥克塔夫·米尔博[2]讲述了克劳德·莫奈(Claude Monet)如何在荷兰发现北斋的作品:在一间杂货店里,店主用北斋、歌麿、光琳的版画包装商品。他很乐意这样处理掉这些版画,因为觉得这种纸张不甚结实。

1890 年,关于在伦敦美术协会[3]举办的那次展览,印象派的捍卫者古斯塔夫·杰夫华[4]站在法国公众的视角,于一篇美

---

[1] 詹姆斯·阿博特·麦克尼尔·惠斯勒(James Abbott McNeill Whistler,1834—1903),19 世纪美国早期著名印象派画家,其创作深受日本绘画的影响。
[2] 奥克塔夫·米尔博(Octave Mirbeau,1848—1917),法国作家、艺术评论家、记者,与克劳德·莫奈互为好友。
[3] 美术协会(The Fine Art Society)是一家位于伦敦的画廊,成立于 1876 年,在爱丁堡设有分廊。
[4] 古斯塔夫·杰夫华(Gustave Geffroy,1855—1926),法国记者、艺术评论家、小说家,支持自然主义美学和印象派。

文《两个世界的艺术》(« L'Art des Deux Mondes »)中述说了他对北斋的热烈崇拜及原因。1883年,贡斯[1]出版《日本艺术》(*Art japonais*),并在书中为北斋留有举足轻重的位置。北斋于是逐渐在欧洲成为日本才华最具代表性的名字,以及所有日本画家中在西方最受欢迎的艺术大师。

然而,专家们发现北斋几乎被他的同胞无视了。学者费诺罗萨(Fenollosa)[2]严厉批评了贡斯著作中关于绘画历史的篇幅。美国画家约翰·拉·法尔热[3]曾在龚古尔[4]撰写他那本引人入胜且异常宝贵的专著前夕,讲述了他从前和"日本理想主义画家们"间的会话,并谈到了包围着北斋的来自其同时代人的"蔑视":北斋被视作"一个下等的小丑,一个作品不配被日不落帝国庄重的风雅之士看到的下层艺术家"。在一篇引证丰富的论文里,[5]米歇尔·雷文在结论中毫不迟疑地写到,有文化修养的日本人惊讶于我们对北斋的赞美,就像我们可能会惊讶于他们将加瓦尼[6]置于法国艺术之巅一般。与此同时,

---

1 路易·贡斯(Louis Gonse,1846—1921),法国艺术史学家,《美术报》(*Gazette des Beaux-Arts*)主编。贡斯是欧洲最早研究并推广日本艺术的专家之一。
2 《关于贡斯〈日本艺术〉中绘画章节的回顾》(*Review of the chapter on Painting in Gonse's L'Art japonais*),Yokohama, 35 p. in-8, et Boston, 1885。——作者注
3 约翰·拉·法尔热(John La Farge,1835—1910),美国画家、彩绘玻璃艺术家、作家。法尔热收藏并研究日本版画,是目前已知的第一个受日本艺术影响的西方著名版画家。
4 《北斋:18世纪的日本艺术》,Paris, 1896。——作者注
5 《论北斋》(*Essai sur Hokusai*),Paris, 1896。——作者注(译按:米歇尔·雷文[Michel Revon,1867—1947],法国法学家、日本学家。雷文在巴黎索邦大学求学期间,撰写了一篇关于葛饰北斋的博士论文,并于1896年完成答辩。)
6 保罗·加瓦尼(Paul Gavarni,1804—1866),法国画家、石版画家。加瓦尼创作了大量描绘巴黎生活场景的插画。

人们开始认识那些曾被他们极不恰当地称为日本原始人的大师，发现他们拥有更为鲜明、更为显著的种族风味，并通过北斋才华中蕴涵的欧洲特点和"现象论"特点，以及为民众所欣赏的事实，来阐明其风靡一时的原因。

在一本便利且附有详细说明的关于日本版画的最新译著里，沃尔德马尔·冯·塞德利茨先生[1]力图在这场争论中保持公正。他将自己依次置于欧洲人和日本人的视角，先后对两者进行评论，却是通过一种奇怪的背离历史方向的方式：他作为严格和学家的原则与他的理想主义偏好相互交织，并引导他得出了一些惊人的结论。简而言之："北斋缺乏文化和才华，只能表现表面事物……"从更高层面而言："文学修养似乎也不是他的强项，并且，由于他的优点全然属于天赋，因而终其一生只是一个手工艺人。"所以，是否无法忽视一位大师的同时代人无关紧要的评价？这是否也证明，按照日本艺术与公众品位所遵循的深层节奏，最为挑剔、最为内行的日本艺术爱好者们的感受永远不会改变？

这便是艺术史上丹纳决定论的极端体现。即便如此，人们仍会说，北斋毋庸置疑地属于日本。他表现了自己种族灵魂的持久面貌中的一个侧面——这也正是我竭力证明的一点。但最重要的是，这位缺乏文化修养却卓越出色的手工艺人，

---

[1] 沃尔德马尔·冯·塞德利茨（Woldemar von Seidlitz, 1850—1922），德国艺术史学家，日本版画和达·芬奇研究专家。

通过作品显示出一种艺术家面对宇宙时的永恒态度。尽管"沦落到"表现外部世界，局限于"纯粹天赋的"才华，他却超越了所有理性主义美学作出的努力。他是一个农民，但其灵感让生命的奇迹拂过笔下一切所绘之物。

感谢在我完成这本朴素作品的过程中给予帮助的艺术爱好者和学者们。米容先生（M. Migeon）欣然允许我在卢浮宫内研究并拍摄卡蒙多收藏中的精美作品。凯什兰先生（M. Kœchlin）十分乐意将他为"北斋"展览目录所撰写的精彩序言的稿件交阅于我。装饰艺术博物馆馆长梅特曼先生（M. Metman）的尽力配合也让我的工作进展得更为顺畅。在此，我还想向韦弗先生（M. Vever）为本书内容及插图所付出的一切表达感谢之情。在韦弗先生绝美的藏品间，我和他度过了愉悦而漫长的时光。他的收藏的特别之处，不仅仅在于其丰富性与挑选品位，更在于其最为客观全面地展示了北斋的经历、探索与工艺。受益于韦弗先生的帮助，我得以欣然端详大师令人赞叹的原作，并且复制其中的某些作品。此外，我还要感谢他向我提出的诸多宝贵且新颖的指导意见。希望他能在本书中认出自己的审美印迹，或者至少再次看到我们交谈时的些许真切回忆。

右页图：《莺与垂樱》（*Oiseau et cerisier en fleurs*），版画，1834年。

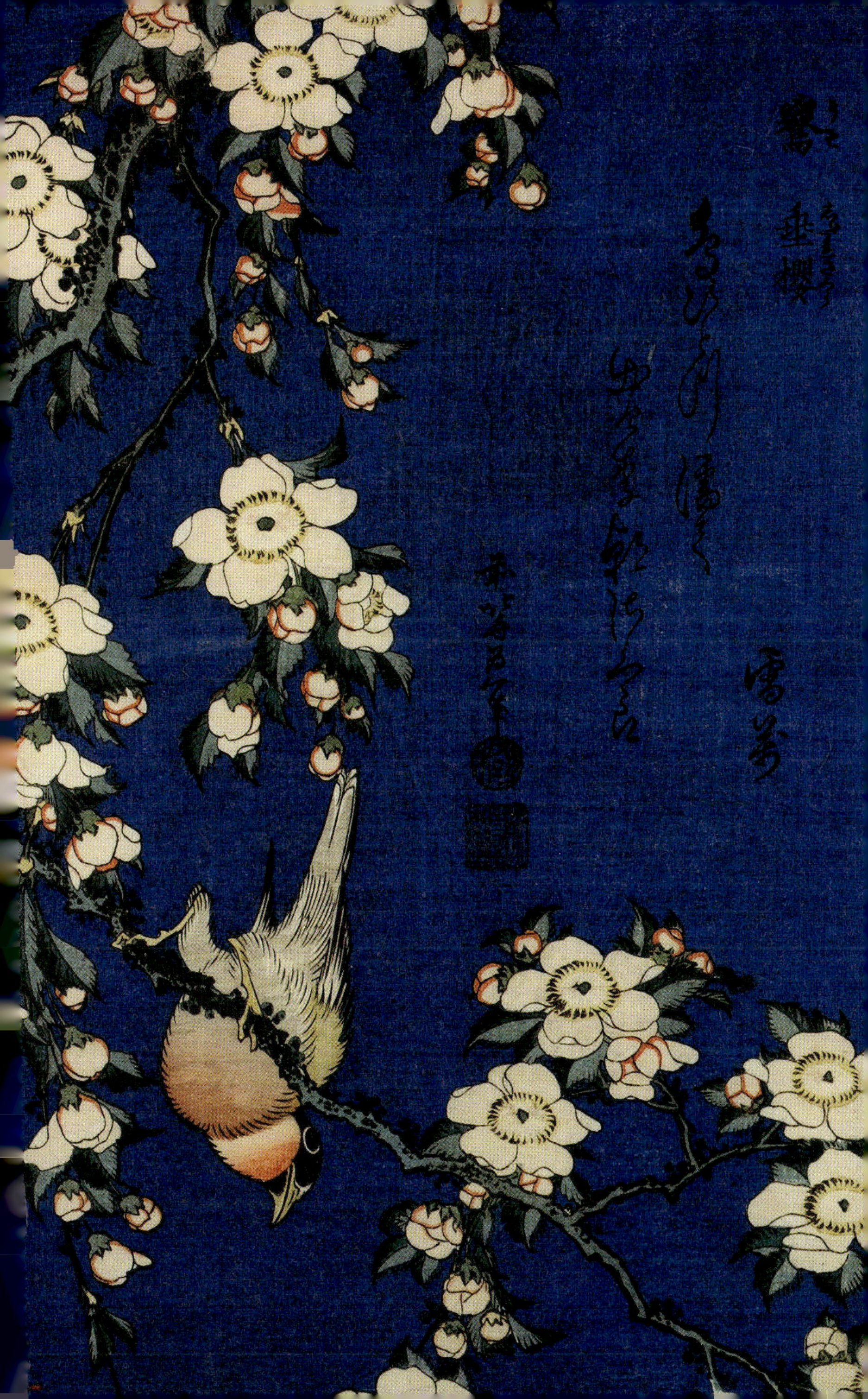
鷽
垂櫻

北斋的经历

《妓院里的三名力士》（*Trois lutteurs dans une maison close*），版画，1791—1792年。

出 身

本所。春章[1]。黄本。

18世纪中叶，在本所（Hondjo）郊区，即墨田区及其布满樱花的河岸的另一端，靠近著名的江户，但远离喧嚣和哄闹的地区，住着一位名叫中岛伊势[2]的手工艺人。他凭借灵巧的技艺拓宽客源，客户甚至包括德川（Tokugawa）家的公子们以及征夷大将军（shogun）府邸的人们。他所制作的镜子饰有奇异的浮雕，从某个角度观赏时，这些浮雕会在光滑的一面若隐若现，犹如一方池塘深处静默绽放的花朵。

中岛伊势抚养了一个孩子时太郎（Tokitaro），身世不明。这孩子或许是他的儿子，或许只是他的养子，其生父可能是川村弘卫门（Kawamura Hiroyemon），一位艺名为鲍氏（Boiinsei）的不知名艺术家。时太郎出生于宝历十年。[3] 他在

---

[1] 胜川春章（Katsukawa Shunshō，1726—1792），日本江户时代中期浮世绘画家，胜川派创始人。胜川春章以役者绘闻名于世，其作品擅长以细腻的手法对演员面部细节进行写实描绘。
[2] 中岛伊势（Nakajima Isé，生卒年不详），日本江户时代的一位幕府御用镜师。
[3] 根据布拉姆森年表，时太郎出生于1760年。根据龚古尔所参考的《浮世绘类考》（Ukiyo-e rouikō），他出生于3月5日。根据米歇尔·雷文，他出生于10月9日到11月8日之间。根据一段更有争议的传说，他出生于一年以前，即1759年1月31日。参照米歇尔·雷文和西格弗莱德·宾（Siegfried Bing，1838—1905）于1896年4月在《白色杂志》（La Revue blanche）第10期发表的《北斋的青年时代》（« La Jeunesse d'Hokusai »）中的精彩章节（pp.310 sq），他大致出生于上述这段时期。——作者注

宁静的本所长大,在盐田和菜园之间,在这片紧邻乡下的郊区中心,在矮房的阴翳之下长大。那里,小商贩的店铺孤独地营业着,乡村居民区的手工业和贸易买卖在岁月的祥和中静默地进行着。

在这片朴实而宁谧的地区,日后成为声名大噪的北斋的时太郎度过了最初的童年时光。他将外省生活的平和与乡村的安宁珍藏于心,并由此为自己取了一个钟爱的笔名:葛饰区的农民,恰恰暗示了这片位于本所的地区。

最早靠近他的是一些善良的面孔,譬如他的邻居们:圆圆的脸颊布有褶皱,一双丹凤眼,鼻子宽大。我们会在诸多精美画册的书页上发现他们的身影,脸上挂着礼貌而愉快的微笑。路边灵巧且从容的骗子,抽着烟斗的慵懒的烟民,男商女贩,街角闲荡之人……这些人知道应该讲述怎样的故事才能让听众日日夜夜被梦幻萦绕,从森林里的山姥(Yama-Uba)[1]和金时(Kintoki)[2],再到桃太郎(Momotaro,这个从桃子里诞生的小孩,长大后获得了超人的力量与智慧,并与地球上的所有动物结为同盟)。他们将淳朴的布袋和尚的信仰授予时太郎——这位庇护童的神灵很胖却很善良,他在书中的形象常常被描绘得惟妙惟肖:或是翻着筋斗逗乐婴孩,或是跟着他们一边在地上打滚,一边发出欢乐的叫喊。婴幼儿时期的幻想在这个成熟男人的心中重新绽放,与此同时,传

---

[1] 山林女巫是日本神话里的妖怪。——编者注
[2] 拥有超人力量的小孩,与动物为友。——编者注

播这些故事与传奇的这群热忱、活泼、谦恭的民众的记忆也得以重现和加深。这便是他们的道德环境：日本民族拥有纯真的心灵和没有恶意的幽默。北斋早年生活在凭借双手劳动谋生的人当中。在他父亲的作坊里，他接触到一些工具，并且有幸在年幼时目睹给材料建模、塑形的过程。那个时代，令人赞叹的日本手工艺人的手计依然建立在创造力、耐心和周密灵活之上。通过观察工作中的中岛伊势，北斋明白了工人手指的力量与灵巧的价值。当他将自己稚嫩的、圆圆的脸庞凑向光滑的金属镜盘时，神秘的倒影隐约可见。他体会到在表象之下，隐藏着奇特的暗示力量和隐秘的诗意魅力。

北斋的母亲将自己的骄傲遗传并教授于他。这位手工艺人的妻子出身于一个显赫却没落的家族。四十七浪人[1]前来屠杀年迈的吉良（Kira）以替主人报仇雪恨的那天，她的父亲小林平八郎（Kobayashi Hehatchiro）在保护吉良大人时英勇牺牲。北斋喜欢向朋友讲述这段家族传说。传说渐渐变为传奇，某些传记作家甚至将他的母亲写成吉良的亲生孙女。在父母家中，北斋很早便开始学着认识并崇敬忠臣典范。他始终是一个平民，喜欢自己青年时期以至整个人生阶段的伙伴。但那些他曾经学习并珍视的英雄记忆加强了自身的独立性格，并解释了他骑士风度一般对金钱的蔑视，以及漫长暮年经历苦难时的高尚风范[2]。

---

1 没有雇主的武士。——编者注
2 根据某些历史学家记载，当日本举国庆祝纪念四十七浪人及其报仇雪恨之日时，北斋拒绝描绘他们的经历。事实上，北斋曾数次为四十七浪人的故事绘制插画，已知如下：(1) 一幅作于1790年之后的三联画；(2) 于1798年出版的多个（转下页）

时太郎家有兄弟，因而按照日本有关独生子女的习俗，他无需被迫继承父业，可以自主选择职业。他的艺术天赋大概觉醒于一间他可能任职过一段时间的阅览室。通过浏览一些带有插画的作品，他感觉自己受到召唤，要成为一名画家。自《源氏物语》(*Genji Monogatari*)[1]以来源源不断的大量日本小说创作，为风俗派大师们提供了1001种英雄、情感或家庭场景的创作灵感。一拥而上的战士，旧时日本史诗般的混战，复杂而野蛮的封建阴谋，恋爱剧情与调情幽会，都在薄薄的书本里永无止境的系列情节中相继出现。每部作品都占据了一层橱柜，万签插架。而旧书中的每一张新插画，在为昔日文本融入画家（通常是名家）个性的同时，使之成为一部崭新的小说。在一方世界之中，在一个色彩缤纷、引人入胜的宇宙之内，复仇的浪人和鱼贩擦肩而过，市场上趣味横生的混杂无序接续着一座城堡庭院中的军事演习场景，几只天狗（tengu，一种愚笨而滑稽的半神，身材矮小，鼻子长1古尺[2]）从月亮上坠落到最为世俗棘手的应酬场合当中。这里有"人间的愚蠢世界"，也有幽灵和怪物的世界，还有青少年间的惊

（接上页）系列插画(塞德利茨, p.205)，其中之一是横版插画；(3)插画署名为北斋辰星(Hokusai Shinsei)的《四十七浪人故事宝典一百卷》(*Cent rôles en vers pour l'histoire du trésor des braves* [les quarante-sept])；(4)田代岩波(Tanshuro Yemba)的五卷小说《复仇后的忠臣们的故事》(*Kana-Dehon-Gonitchi-No-Bounsho* [Histoire des fidèles vassaux après la vengeance])，第一卷描写了四十七浪人将吉良的头颅祭于浅野(Asano)墓前，其余几卷讲述了浪人军火商天野屋利兵卫(Amanoya Rihei)的生平(1808，龚古尔，pp.90 sq)。此外，我们还能列举出其他例证。——作者注

1　《源氏物语》(*Le Dit du Genji*)，11世纪日本文学重要著作，作者为紫式部(Murasaki Shikibu)。——编者注
2　1古尺约合1.2米。

人对话——这些小男孩以一种轻盈、深刻与对女性的了解来揣摩自己的女老师,我们的心理学家或许能够从中有所收获。在西方人编写《圣女欧拉丽赞歌》或《圣阿莱克斯传》[1]的时期,此类诙谐、优雅、奇特之事常常被书写。

最美丽而古老的故事编织成了一张绝妙的网,在浮世绘大师们不朽的想象中重焕活力。面对所有这些奇特且迷人的虚构故事,没有什么比一个孩子的热情更加自然而然的了;对于一位处在被活跃想象力所占据、充溢着非凡活力的年纪的艺术家而言,没有什么比一本版画集或小说插画唤醒的使命感更为常见的了。在这不计其数且多种多样的图像之中,在这大批即将教会他们如何看待宇宙的形式与主题中,人们乐于想象北斋被炽烈幻想所浸润的青年时代。

在十三四岁时,北斋以学徒的身份进入一位版画雕刻师的画室,并搬到本所的另一个地区横网(Yokoami):这是他漂泊人生93次搬迁中的第一次。随后他取了铁藏(Tetsouzo)这个古怪的名字,为一册洒落本(Siarehon)雕刻了一些插画,并在1775年创作了著名自由短诗作家桑丘(Santcho)所著小说《女音乐家高诗》(*La musicienne Koshi*)中的第六幅插图版画。彼时的版画雕刻画室是一些活跃的小作坊,与学校不同,可供人们自由地进行眼与手的锻炼。江户的大出版商们几乎

---

[1] 创作于880年前后的《圣欧拉丽赞歌》(*La Cantilène de sainte Eulalie*)和创作于1040年左右的《圣阿莱克斯传》(*La vie de saint Alexis*),均被视为法国最早的古法语文学作品,以及法国教会文学的代表作。

左图：《相扑力士》（*Lutteurs*），1790年。

右图：《演员市川团十郎》（*L'acteur Ishikawa Danjuro*，1660—1704），版画，1780年。

不会让插画家失业。学徒们差不多每天都有机会看到接连不断的新画作。版画雕刻实践让他们在学习使用工具的同时，也掌握了最为多样的大师创作风格与手法。在与雕刻师们相处的那段时间里，北斋的另一点受益，便是学会了之后有效地管控自己的版画雕工：如果他们想要背离线条或修改某些细节，即屈从于雕刻师的癖好，补足或更改模板，北斋懂得如何以权威的态度指责他们，并引导他们严格遵循原作。

一位朋友在根据北斋的回忆撰写的一篇手稿中写下：直到19岁，"我的职业都是版画雕刻师；而在19岁时，我放弃了这个职业，成为画家"。直到19岁，意即直到18岁，因为按照日本的习俗，新生儿已满1岁。厌倦于做一个雕刻师而渴望学会亲自感受与表达的北斋，于是成为鼎鼎大名的春章的一位门生。

春章、重政[1]、清长[2]，这便是春信赫赫有名的直接继任者：他们是优秀的着色师和装饰画大师。约1770—1780年，胜川春章作为老师产生了重要影响。18世纪末，当清长的才华开始占据主导地位，春章以及随后的丰春[3]放弃了版画创作，而

---

[1] 北尾重政（Kitao Shigemasa，1739—1820），日本江户时代末期浮世绘画家，北尾派始祖。北尾重政擅长描绘写实风格的美人画，曾与胜川春朗共同绘制《青楼美人合姿镜》等作品。

[2] 鸟居清长（Torii Kiyonaga，1752—1815），日本江户时代末期浮世绘画家，鸟居派第四代代表人物，擅于以轻柔的线条和明丽的色彩描绘美人修长文雅而健康的姿态。

[3] 歌川丰春（Utagawa Toyoharu，1735—1814），日本江户时代末期浮世绘画家，歌川派创始人。歌川丰春尤其擅长美人画，在浮世绘引入西方透视法方面做出了开创性尝试。

全力投身到绘画当中——类似于退休。荣之在1790年后歌麿日渐风靡时也效仿春章退休。春章受到了譬如现代版画爱好者一类大众的高度赞赏，因其为昔日陈旧的主题赋予了多种色彩：他丰富而亮丽的色彩复苏了自第一代鸟居派画家后没落的绘画类型，即役者绘。当歌麿谈到那些应将声誉归功于其模特的艺术家时，他或许是在影射春章的众多学生，譬如春好（Shunkō）、春英（Shunyei）、春山（Shunzan）、春潮（Shunchō）和春满（Shumman）；当他将艺术家喻作一群从腐朽梁木里钻出的虫蚁时，他或许是在影射其仿作者的模仿者，身为庶民的卑微的鸟居派画家。在春章的作品里，我们依然沉浸在精美的装饰和华丽的色调中。大片亚光与雾面的黑色均匀分布，抵消了粉色与紫色构成的美妙和谐。在春章的版画画家生涯末尾，他笔下的色调变得更为刺眼与强烈。人物外形朝着奇怪的颀长身材发展，这也是同时代画家的绘画特点（并非仅仅出现在歌麿的作品中）。如此风格是浮世绘艺术考究与疲劳的标志，是对矫揉造作之高雅的追求。约1800年，这种追求一方面通过缺失的表情、做作的姿态和限制使用沉闷色彩形成了矫饰主义风格，另一方面则促成了丰国笔下朴素、干瘪甚至尖锐的雅致风格。

　　北斋很快便掌握了胜川派的绘画工艺。不久后，春章允许他位列胜川门下，并依照画室习俗根据师父名字的第一个字取名。1780—1786年，更名为胜川春朗（Katsukawa Shunrō）的北斋描绘了一些男角、女角以及戏剧场景中演员的肖像。此外，他还使用过各种各样的画号，既画插画，也出独作。

我们以前就曾在欧洲见到过这些源自 18 世纪末期的迷人书本，它们在质量平庸的纸张上完成黑白印刷，被粗简地捆扎在带有色彩的封皮里，由此得名黄表纸（kibiyoshi），即黄本。当明治维新让日本向欧洲敞开国门，并且将昔日珍宝散落西方之时，我们的商行收到了成包的艺术品。于民众而言，艺术从未如此亲切与生动，从未像这样摆脱了自负与刻板，且鲜少创作出如此直接有趣的表达。在这些价值 5 索尔[1]的薄本里绘制插画，是许多伟大的艺术家开启职业生涯时都会触及的领域和资源。歌麿在 1783—1790 年几乎专门致力于插画，并自 1785 年招收了两个门生，道麿（Mitimaro）和行麿（Yukimaro），亲自培养他们制作黄表纸。

胜川春朗约在 1780 年时开始创作这类绘画。《江户小小紫罗兰》（*La Petite Violette de Yeddo*）署以他童年时的名字时太郎。直到他被小说作家垄断之前，甚至在与之合作的间隙，他都不曾停止为黄表纸绘制插画，并经常在画图的同时虚构故事。1781 年，他在一本小书《开放思想多珍贵》（*L'Esprit ouvert est très précieux*）[2]的文本里署名是和斋（Korewaçai）。紧接着于 1782 年，他在大津（Ghiobutsu）的文章《镰仓信使》（*Les Courriers de Kamakura*）中留下另一落款：春朗画（dessins de Shunrō）。

---

1 属于法国旧制度时期的货币体系，流通于中世纪早期至法国大革命前夕。索尔是面值介于里弗尔与但尼尔之间的硬币。
2 在龚古尔看来，"话语殷勤，则一切都被允许"。——作者注

《两位狂歌诗人：琴与舍角道和福寿窗笑丸》（*Deux poètes de Kyoka : Kinkosha Karomichi et Fukujuso*），版画，1798年。

    这是一部看似严肃的作品，一本讲述了正雪[1]可怖冒险故事的历史小说。主人公是一个天生的阴谋家，曾经企图推翻第三代征夷大将军的幕府，但以失败告终。我们可以依次看到他如何从童年开始筹备任务，在战事演习中受伤，身穿漆皮制成的铠甲，头戴饰有"触角"的头盔——"触角"让这位日本骑士摇身变成一种闪闪发亮、灵活敏捷的黑色大昆虫。一位巫师向他传授了战术策略和一些恶毒的诡计，其中最妙

---

1 由井正雪（Yui Shosetsou，1605—1651），日本江户时代早期军事学家，是"庆安事件"的主要策划者。1651年（庆安4年），由井正雪联合丸桥忠弥（Marubashi Chūya，？—1651）等浪人，谋划推翻德川幕府政权，但由于计划提前泄露而以失败告终。

《鸿门宴上的樊哙》（*Le général Fan Kuai au banquet de Hongmen*），版画，1790年。

且最出人意料的计谋让他得以借助魔法变幻成7个战士的样貌。如此一来，正雪策划了他的阴谋：他让人割断了忠诚信使们的喉咙。他梦想拥有帝国，并在镜中看到自己成为征夷大将军。在敌人的步步紧逼下，他顽强战斗，被俘后切腹自尽。而他的母亲、妻子和孩子们也受到了折磨拷打。

同年，另有一部包含两卷的作品疑为是和斋所作，插画署名为春朗。这本书拥有一个犹如正午烟花般炫目而古怪的书名：《身穿最新款式衣服的四大天王》（*Les Quatre Rois célestes des points cardinaux habillés à la dernière mode*）。在完成这部充满纯粹幻想的作品后，在描绘那些阴谋与屠杀的场景后，北斋转向宗教生活的苦难与美德，讲述了善良的日莲（Nichiren）法师具有教化意义的故事。日莲法师是10世纪时名为"法华宗"（hokka）的佛教宗派创始人。国芳[1]曾创作过一幅令人赞叹的关于日莲的版画，向我们描绘了法师在雪中异常凄凉的长途跋涉。最终，是和斋这一化名逐渐消失，取而代之的是井久治茂内（Ikujimonaï），意即"无用之人"，以及其他与黄表纸书名同样出人意料的化名。这些画号背后所隐藏的，是一种嘲讽的个性，一个观察者的激情与专注。

这是因为这个葛饰区的小农民拥有诗人、幽默家与讲述者的天赋。直至19世纪初叶，1804年左右，他始终忠于自己的作家品位，乐于为自己的画作加注。是怎样的魅力引导这个快乐的学徒即兴创作了这些轻薄的小册子呢？大概是存在于所有日本艺术家心底的怪诞，是来自远方、不可思议与荒诞之事的诱惑，是吸引民众眼球的欲望，以及为了恫吓恶人、鼓舞好人、填满一个并不机智却心思敏感的美丽女孩的内心而创造滑稽玩笑的乐趣。尤其还要归因于一种喜悦，一种从各个方面描绘人类生活多样性，描绘虚构之物、日常之事，描绘比故事更为神秘、比魔法更为醉人的生活的喜悦之情。北斋似乎首先对往昔的传说、正雪的阴谋和忠诚信使的牺牲产生了兴趣。但应当注意的是，林忠正[2]曾向我们透露，北斋

---

1 歌川国芳（Utagawa Kuniyoshi, 1798—1861），日本江户时代末期浮世绘画家，歌川派代表人物之一。歌川国芳先后师从歌川国直（Utagawa Kuninao, 1793—1854）和歌川丰国，初期创作戏画，之后绘制了大量武者绘、风景画、役者绘与美人画，尤其擅长以猫为主题作画。
2 林忠正（Hayashi Tadamasa, 1853—1906），日本明治时代艺术品商人。林忠正于1878年前往法国，随后定居巴黎。他将日本艺术品如浮世绘销往法国、荷兰、比利时、德国、美国等地，同时致力于介绍日本文化和艺术，对浮世绘在欧洲的推广与传播作出了巨大贡献。

的作品是对那部粗简的冒险小说的戏仿。那些精彩而错综复杂的情节与史诗般的混战并非出于原作,而是北斋之后杜撰的。相比于上述内容,他在内心深处更喜欢描绘自己所处之地的故事和场景。由于这位真正的平民作家拥有溢满优雅与才华的幽默,以至于《开放思想多珍贵》在很长一段时间里被认为是著名小说家北尾政演[1]的作品,后者的另一个名字京传(Kyōden)更为人所熟知。

北斋如是创作着,最终将春章的技法研究透彻。来看看他作品中几幅署名为春朗的役者绘吧:譬如市川高丽藏(Ichikawa Komazo)和佐川常代(Osagawa Tsuneyo)——后者扮演女角,其余人则妆扮成艺妓。悠长而柔软的笔触,衣褶优美的褶痕,矫揉造作的姿势,俊俏脑袋上因涂脂抹粉而模糊的表情,所有一切都显示出一个全然掌握了师父教导的门生毫无个性的灵巧。北斋没有在这些现成的绘画程式上耽搁太久。他在黄表纸中不知疲倦地加入混杂无序的日常记录,以及大量观察与欢愉的表达,但他仍然想要学习和寻找。在他即将离开胜川画室的那段时间里,他开始学习狩野派著名的经典画风,由此激怒了春章。不久后,两人的关系破裂,随之发生的一个事件被北斋亲自记录在他作为独创艺术家的经历中。某天,在两国桥(Riogoku)附近,他刚刚画完一个版画商的店铺招牌。恰巧同窗春好路过,觉得他画得十分糟糕。根据龚古尔的叙述,

---

[1] 北尾政演(Kita Masanobu,1761—1816),又名山东京传(Santō Kyōden),日本江户时代末期浮世绘画家、戏作家。师从北尾重政学习浮世绘,后又转向通俗小说创作。

春好"为了保全画室的声誉,撕毁了那块招牌"。见证过北斋暮年时光的人或许会经常听到他说:"正是因为春好的侮辱,我才成为一名灵巧娴熟的画家。"这番话不仅显示出画家淡泊坚忍的性格,还表明了这一决裂的重要性——让他得以脱离一个对于其独立性格和炽热好奇心而言过于狭隘的环境。

于是,北斋舍弃了胜川的姓氏,却并没有抛弃春朗这个名字,而将其变为武仓春朗(Mugura Shunrō,武仓意为灌木丛、竖起的毛发),或东洲园(旧名)春朗(Toshu Sono Shunrō),抑或是简单的春朗。他还曾在很短一段时期内(1786—1788)署名为群马亭(Coummatei)。除此之外,直到1794年,他在自己创作的插画上通常都会使用春朗这一画号。

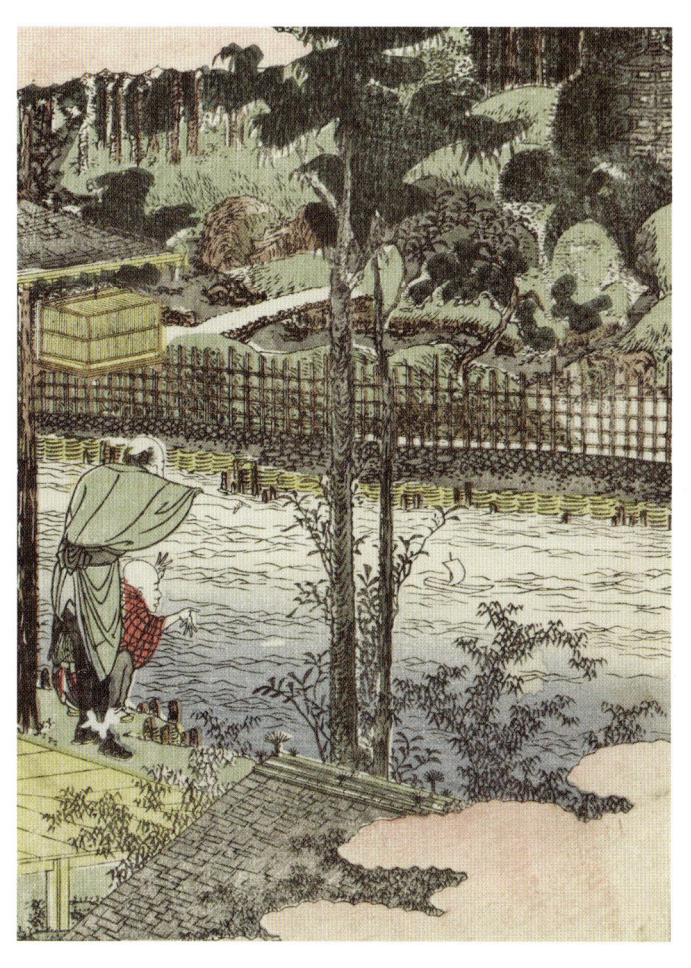

《河流与庙宇》（*Rivière et temple*），出自《画本东都游》系列，版画，1802年。

探　索

大和绘的传统与狩野派的自然主义。

司马江汉与西方影响。

风俗派画家北斋。

北斋人生的第二个阶段是从1786年延续到19世纪初叶。人们可以将这段时期划分为两部分：第一部分致力于研究他不安于现状的性格，和他在不同大师画室求学的经历；第二部分则专注于他严格意义上的浮世绘创作生涯，以及他作为该流派艺术家所获得的成就。

没有什么比北斋青年时期踌躇不决的那段经历更为黑暗与矛盾的了。在日本，要想成为一个艺术家，则必须拜师从艺，如此才可能成名并为人熟知。然而快速的学习能力和对新知的渴望令北斋无法安顿下来。根据某些批评家的说法，自1787年起，他致力于学习表屋宗理[1]的艺术。后者于1764—1781年，在17世纪大师表屋宗达[2]的影响下，延续了土佐派与光琳派的风格。可以确定的是，1795年伊始，北斋继任为该画室的主理人[3]，并先后使用表屋（Tawaraya）、菱川（Hishikawa）、百

---

[1] 表屋宗理（Tawaraya Sori，？—1782），日本江户时代末期浮世绘画家，光琳派代表人物之一。表屋宗理师承尾形光琳，尤擅花鸟画。
[2] 表屋宗达（Tawaraya Sōtatsu，约1570—1643），日本江户时代早期画家。其作品具有较强的艺术性，以扇绘、屏风绘闻名，是日本装饰绘画的代表人物之一。
[3] 葛饰北斋并非表屋宗理的直接继任者，他可能是从他人之手接过了宗理的名号。——作者注

琳（Hiakurin）和北斋宗理（Hokusai Sori）等画号，最终把宗理这一化名让给了他的门生宗次（Soji）。根据西格弗莱德·宾的说法，在离开胜川派后，他立刻前往狩野伊川[1]的画室。如果考虑到，他师从春章画室期间已然不时被狩野派风格所吸引，而这种背叛是他与之决裂的原因，那么事实可能的确如此。我们也便有理由相信，北斋立刻毫无顾忌地投入他的心之所向当中。狩野伊川尽管年轻（卒于1800年，享年37岁），却是官方艺术——被米歇尔·雷文戏称为严肃绘画（la peinture sérieuse）——的杰出代表之一。在古老政体的荫庇下，严肃绘画受到征夷大将军和大名（daimyos）喜爱的促进，与浮世绘和版画并行，继续谨慎地繁荣发展。狩野伊川很可能获得了保元（hoghenn）的称号，一种授予"桂冠画家"（peintres-lauréats）的贵族头衔。

狩野伊川大师选中葛饰北斋，并带领他和一些优秀门生与精英艺术家，共同竭力完成了著名的日光社寺的修缮翻新工作。这是一次充满魅力的艺术家朝圣之旅，回顾之时，人们会因一些即兴创作的才智横溢的俳句（haïku）——北斋在通俗诗歌技巧方面堪称大师——和一些竞相较量的速写而心生愉悦。日本文学包含的大量类似成群结队远足的故事与欢快郊游的回忆，都被这些卓越的文字工匠用自己所特有的高雅且富有暗示性的简洁文字记录下来。然而北斋不得不在中

---

[1] 狩野伊川院荣信（Kanō Yosen'in Korenobu，1775—1828），日本江户时代末期画家，狩野派第八代传人。狩野荣信在家学的基础上发明了水墨画洒金法，并将中国国画与大和绘的创作风格相结合，用以表现山水、花鸟等题材。

途停止，并悲伤地重新踏上回江户的道路。米歇尔·雷文趣味横生地讲述了这趟冒险。根据日本浮世绘类考[1]的记载："当狩野伊川一行到达宇都宫（Outsounomiya）时，大师在旅店老板的恳求下，同意画一幅速写：一个年轻男孩借助长长的竹竿从一棵树上打落金黄的果子。北斋在和伊川的另一位门生端详过这部作品后说道，师父并没有看清画中的事物，因为竹竿的顶端已经超出了果子的高度，男孩却踮着脚尖去够。这些话传到了伊川的耳中，后者勃然大怒并解释道，他意在表现出偷果子的年轻小伙的滑稽可笑与笨拙无知，北斋应当在批评师父之前努力理解他的意图。尔后，伊川便立即解雇了他……"

北斋从仰慕狩野派，并师从 18 世纪末期该流派最为杰出的代表之一，转而进行其他研究，拜学于其他大师。但奇怪的是，自从与胜川派决裂后，他不再希求从严格意义上的风俗派汲取经验知识：这并非因为他移情于纯粹的学院派，或是已然力竭于学习风俗派的技巧。相反，他依然会请教一些艺术家——这些艺术家静默地延续着充满活力和创新，且与日本人灵魂深处的渴望和细微差别深深吻合的昔日传统。或许，如果从历史角度进行观察，土佐派、狩野派、光琳派，就其在日本艺术发展过程中所处的位置而言，都属于风格截然不同甚至相互对立的流派。18 世纪末，北斋在各画派始祖继承人的指导下学习不同的创作手法，但这并非标志着一种不加选择的独立，或是一种漫无目的的贪婪。艺妓画家和役

---

[1] "类考"（Rouikō）一词表示对同一种类事物的分类或整体性研究。——编者注

者画家开始停滞不前，反复描绘同一题材。倘若他们偶然尝试变换风格，也并不能更新他们的灵感，亦无法超越其灵感造成的艺术局限。于他们而言，在某种程度上，昔日大师们拥有更多力量和权威。岁月淡化了将他们区分开来的差异，并让人忘记了那些流派理论。大师们犹如描绘形式的伟大诗人和令人钦佩的装饰画家一般出现。土佐派善于表现对思想与风俗的提炼，相比之下，在一名研究者、一个年轻男子或一位热情洋溢的艺术家眼中，这种表达却让展现蹩脚演员与女子的艺术显得庸俗而单调。可那些喜剧演员们是多么令人赞叹啊！那些艺妓们妆扮得如同公主一般，多么庄重、博学、彬彬有礼啊！但生活是多种多样的，并不局限于演出的露天舞台或吉原的铁丝网。自从沿海地区趁着帝国饱受蹂躏骚乱之际完成独立，并与中国重新建立联系，由中国传入的古老的自然主义便在狩野派中大放异彩。在从前的狩野派眼中，动物、飞鸟、昆虫、花朵、草木的自然之美要高于大师的绘画理论。光琳的画风则是多样、深沉而非凡的，他将那些极少冲突的色调结合起来，形成了精美优雅的线条，晦涩诗文的书法，展现出对生活敏锐的好奇心，在外表下自动散发幽默、和善与温柔的艺术……无需对此感到惊讶，这名为日本献上最具影响力、最为全面的现行现实主义理论的男子，在1786—1796年里注定要选择自己的师父——不是在疲惫不堪、即将变得刻板而"老套"的同时代人中，而是溯时光之流而上，在其门生已经脱离了他们的理论教义的昔日艺术家之列选择。被狩野伊川解雇后，北斋进入手野等琳（Teno Torin）的画室，

《红姑娘》(*Le Grincement du cerisier*),出自《风流无双七时尚》(*Sept vêtements futiles à la mode*) 系列,版画,1798年。

并从光琳强劲有力的雅致中汲取了雪舟的自然主义风格，因为他所拜学的画室实际上是从光琳那里派生出来。正是在这段时期里，他和第二代等琳在一间舞蹈室内即兴合作了一幅关于花篮的名画，如今业已遗失。随后在住吉广行[1]的作品中，北斋重新发现了大和绘的古雅痕迹，以及他或许自1787年起便已经爱上的表屋宗理作品中的精练考究。此后他将沿用大师之名，并重振画室。

然而，北斋彼时正经历着贫苦。由于生活放纵，艺术家青年时期纯粹而快活的贫苦，开启了他中年和晚年的不幸。年迈体衰时的平庸使他变得脆弱不堪：这平庸合乎情理地让这个天真老实、身无分文的穷光蛋一直身陷贫困，他却认为自己能够周而复始地继续学习、独立探索、遭到大师们辞退并为出版商工作。他所有的聪明才智并不足以自给自足。无论如何，北斋懂得一些迫于生计而不得不使用的伎俩：如果传言确有其事，那么他之所以频繁更换画号，是因为一旦画号出名，他便急于卖给自己的学生。而这一经历，是他步入职业生涯之初时所不曾料想到的。终有一天，他不得不放弃画笔。如同之后在《北斋漫画》（*Manga*）书页中绘满的小人一般，他在街上售卖《红椒的七种颜色》（*Les Sept Couleurs du poivre rouge*），并于1788年的末月，售卖那些善良之人会

---

1 住吉广行（Sumiyoshi Hiroyuki，1754—1811），日本江户时代中期画家，住吉派第五代传人。住吉派由住吉如庆（Sumiyoshi Jokei，1599—1670）创立，主要为江户幕府创作大和绘，因而在普及大和绘方面作出了一定贡献。

《乌龟与李树枝》（*Tortues et branche de prunier*），版画，1795 年。

《开花的老李树》（*Ancien prunier fleurissant*），版画，1800 年。

用钉子挂在取暖火盆上方的日历。他大概每天能赚 2 苏[1]。某个严冬过后，当男孩节[2]临近时，他接到了一笔装饰小旗的订单，要求描绘一幅佩戴双刃宝剑捉鬼的钟馗神的图像。收到两小判的酬劳后，他向大熊星座和好运的守护神妙见菩萨致以虔诚的感恩，并继续投入工作当中。他始终对妙见菩萨心怀崇敬。一段时间过后，在把宗理这一画号让与他的门生宗次时，他怀着对妙见菩萨的感激之情，决心此后改名为北斋辰星（Hokusai Shinsei），意即"北方星宿的守护神"[3]。

在此之前，北斋还进行了很长时间的学习研究，尤其是对明朝时期中国大师们的研习。但那些年间，在他才华的养成方面最值得关注的影响——我们可以在 1796 年有所察觉——来自一位名不见经传却十分有趣的艺术家，司马江汉。司马江汉向葛饰北斋揭开了西方艺术的神秘面纱。直至今日，

---

[1] 苏（sou）为法国旧时辅助货币，1 苏相当于 0.05 法郎。
[2] 男孩节为日本传统节日。每年 5 月 5 日，家家户户会悬挂颜色鲜艳的鲤鱼旗，祝福家中的男孩像活力四射的鲤鱼般健康成长。
[3] 根据安德森（Anderson）的说法，这个名字还可能意味着"北方画室的画家"，即用葛饰北斋彼时住所的方位来解释。根据沃尔德马尔·冯·塞德利茨的说法（p.205），这个名字第一次出现于 1790 年的《见立忠臣藏》（*Mitate Shushingura*）。根据龚古尔的说法，该画号第一次出现（p.35）是在 1797 年，题为《绿色蔬菜》（*Les légumes verts*）的版画签名处；第二次出现（p.21）是在 1798 年的一幅摺物上："但是直到 1799 年，他才正式宣布更名，从宗理改为北斋……他取用了辰政（Tokimasa）这个名字……并在 1800 年末，改为画狂北斋（Hokusai fou de dessin），日语为'gakyo rojin Hokusai'（画狂老人北斋）。"大约同一时期，他还使用了辰政戴斗（Tokimasa Taïto）这个名字，但不久后（约 1820）便将这个名字让与他的一个女婿重信（Shigenobu），或是一个门生龟谷二郎（Kameya Saburo）。后者定居大阪，力图冒充大师，并由此得名"葛饰北斋之犬"（chien d'Hokusai）。——作者注

《石山寺秋月》(Lune d'automne au temple d'Ishiyama)，出自《近江八景》(Huit vues de Ōmi) 系列，版画，1800 年。

这位重要启蒙者的作品和个性都令人难以捉摸。据说他以迷惑大众为乐，尤以赝造者的身份而闻名。在一位浮世绘画家猝死之后，他模仿前者的画风并达到了以假乱真的程度，几乎能够欺骗经验最为丰富的艺术爱好者，更何况他毫不犹豫地伪造了模仿对象的签名。司马江汉亲自向我们讲述了这则逸事。由此可见日本艺术习俗的一个特征：正如前文所提到的让与自己画号的北斋，司马江汉显示出二等画家缺乏独创性且毫无个性的灵巧。他们凭借名家的声誉获得财富，同时盲目地延续着后者的风格。

司马江汉曾在长崎生活。正是在那里，他学习了解到欧洲画派的精神与技巧。毗邻平户的荷兰租界人员为他提供信息。长久以来，他们之间的交流不曾间断，却没有互相产生任何影响。荷兰赞赏日本瓷器，但仅限于其材料本身和手工艺者的工业资源，而非欣赏其装饰图案。彼时创建的一个出口花瓶的工厂也只是提供颜料和工人，花瓶的轮廓与装饰均复制自欧洲产品式样。因而荷兰艺术品经纪人贩卖的铜版画没有更早地激发荷兰人的好奇心和模仿欲，也便不足为奇了。我近来有幸在里昂的一套私人藏品中，发现并研究一份相当有趣的资料，内容有关上述影响的历史。那是一部历史人物肖像合集，雕刻于17世纪末一间荷兰或德国的画室内，雕刻刀法平淡、笨拙且沉闷，十分野蛮。版画被仔细粘贴在精美的画册纸张上，创作时间可以追溯到我们的研究所涉及的年份。版画由蓝色、红色、黄色和绿色手工着色而成，技法显

《大矶》(Ôiso)，出自《东海道五十三次》(53 stations sur la route de Tōkaidō) 系列，版画，1804年。

《荒井》(Arai)，出自《东海道五十三次》系列，版画，1804年。

示出一种尖锐而朴实的粗犷。这些版画可能属于某个异国风情珍品爱好者的收藏，其原始独特性给他带来的惊奇之感，大概无异于西藏或波利尼西亚艺术之于一个不拒绝任何文艺爱好的高雅讲究的当代人。除了这些劣等作品，日本还曾经历了复制品的阶段——复制北欧流派大师们的风景画以及弗拉芒风格的内饰。而作为娴熟的赝造者和优秀的绘画技师，司马江汉很可能模仿了其中一位大师尝试进行凹版雕刻。他也是公认的第一位尝试此种雕刻类型的日本艺术家。

我们缺乏可靠的信息要素来评估司马江汉对北斋所造成影响的特点和价值。尽管如此，倘若允许提出一个这方面的假设，我们便可以猜想，弗拉芒艺术的现实主义，它的朴实纯真，它对于各种类型的个体真实性的喜好，对于粗犷泼辣的艺术灵感的钟情，都在这个伟大的平民艺术家的作品中唤醒了观者友善的好奇心。北斋的大量作品，或许并没有致力于描绘生活的喜悦和内心幸福的表露，却专注于老人、穷人和头脑简单之人的贫穷苦难、繁重工作与玩笑闹剧。更重要的是，他得到了透视法的启示，并设想在平面上表现空间与深度。通过自身实例，他将把这项重要革新传给19世纪的所有大师。人们可能会思忖，他是否会立即应用这一新发现——确实如此，以及他是否会因这一发现而转向对风景画的研究。然而，他了解到这种新技法的危险之处，只是有节制地加以使用。他懂得如何调整来使之适用，有时也会弃之不用。无论如何，1796年的《十二风景》(*Les Douze Paysages*)，以及《琵琶湖之景》(*Les Vues du lac Biwa*)便带有欧洲画风影响的痕迹：前者的署名是横向的，与日本竖向的书写习惯相反[1]。

大约在同一时期，几个默默无闻、离群索居的西方人开始知晓北斋的名字。一艘到访江户的荷兰军舰上的船长和医生，向北斋订购了4幅横幅卷轴（makimonos）。当艺术家前来交货时，医生对商定的价格提出异议，借口他的薪资要低于船长的，因而对方不应售以相同的价格。尽管生活贫困，北斋还是带走了这个不诚实的顾客所订购的两幅横幅卷轴。当妻子为此责备他时，他答道："我不希望让一个外国人认为，日本人可以说话不算数。"而且："我宁可贫穷，也不愿遭到践踏。"后来，他不得不将一大批画给外国人的作品寄卖到长崎，直到某一天，自1790年起便开始执行一项反对荷兰人的政策的征夷大将军，禁止了所有向西方野蛮人揭秘日本人生活的贸易活动。

狩野派末代画家，土佐派和光琳派的后人，还有司马江汉，以及北斋所汲取的西方艺术和透视知识，总而言之，这些便是他通过独自探究而融入其艺术家修养的元素。在那一时期，

---

[1] 北斋于1803年亲自为一部涉及西方对日本影响之历史的著作绘制插图。该书为《关于三个国家的各种故事（日本、中国、荷兰）》(*Récits divers sur les trois pays [Japon, Chine, Hollande]*)，共计两卷，作者是小竹武(Oghitake)，书中插画署名为可侯(Kako)。根据《葛饰北斋传》(*Katsushika Hokusai den*)，北斋通晓油画，他应该练习过油画，并且我们可以在他的水粉画里描绘石膏像的笔法中找到证明(雷文，p.325)。无论如何，比在《琵琶湖之景》的淡蓝色调中看到鲁伊斯达尔(Ruysdael)的海灰色痕迹更甚的是，像某些美国评论家一般，声称北斋抄袭了伦勃朗(Rembrandt)的一些画作或蚀刻版画。尽管如此，可以确定的是，北斋懂得在铜板上雕刻的技巧。在《略画早指南》(*Ryakuga haya oshie*)中，他描述了凹版雕刻工艺和木板雕刻工艺之间的区别。因此他也能够通过比较对两者加以评价。然而对此我们无从知晓更多细节。——作者注

《卖发带的商贩》(*Marchand de cordon de cheveux*)，出自《画本东都游》系列，版画，1802年。

我们能够根据文本指出这些元素，甚至毋需清晰地看到每个元素在北斋的创作活动中所占据的位置。但是，如果我们注意到评论家们对于他在1796—1804年创作的作品（通常被视为其才华的巅峰）所发表的言论，就应该相信，他全然在复制、在模仿，是个毫无个性的即兴画家。在沃尔德马尔·冯·塞德利茨看来，北斋笔下的武士是在模仿春英，风景画是在模仿丰春。他同样受到了重政的影响。对于西格弗莱德·宾而言，他效仿了清长[1]。在其他人眼中，他模仿了又吉（Matayoshi）。

---

[1] 根据沃尔德马尔·冯·塞德利茨的说法（p.213），在浪人三联画以及 幅单幅版画中，这种影响尤为显著。后者描绘了怀抱一只熊、肩栖一只鹰的金太郎，署名为春朗。——作者注

《骏河町》（*Shunkacho*），出自《画本东都游》系列，版画，1802年。

《新吉原》（*Shin Yoshiwara*），出自《画本东都游》系列，版画，1802年。

这一系列发音悦耳的美丽名字，阐释了艺术爱好者们面对一幅巨大且非常多样化的作品所产生的连续印象。这些混杂无序的回忆新颖而奇特，好似一个风格怪诞的创作，由同时代之人尽己所能合作完成，人们在其中可以看到所有浮世绘大师的才华印迹——北斋除外。这样的"拼图"更像是某一流派评论家的杰作，他们善于将一个世纪的历史强行插入一个人的历史当中。

然而十分确定的是，18世纪末至19世纪初，北斋作为油画家和版画家的独创性并不完全符合其独立性格以及我们所称的学习个性的特点。善长描绘日本女性气质的名师们对他的影响尤为深刻。清长向我们展示了日本女子矮小、发育良好且纤细的身材，借用龚古尔之言，她们"有着朱诺式的身形"。歌麿充满爱意的情欲体现在那些苗条的体形、瘦长的双腿、凹凸有致的胸膛上——并不袒露，仅在浴衣的缝隙处若隐若现。他向我们显露出日本女性所有炽烈而优雅的任性，并且在描绘正俯首或回眸的纤细脖颈、因快感而微颤的神经紧张的手臂或腿时，加入了一种柔弱而典雅的魅力和狂热而雅致的愉悦。荣之是一个专注于精致细腻的画家：在茶馆里，在墨田区的岸边，他驻足凝视，从精美细致的色调中，通过俊俏的外形和姿态，我们觉出一种最为敏感的艺术家或诗人所具备的微妙的忧郁。北斋效仿歌麿保留了身体的优美轮廓、高挑的体形，以及这种让日本女性外形好似军刀曲线的柔软的优雅。而从荣之的调色板上则能看到色调渐弱的整个阶段——时而是灰色、粉色和黄色色列，时而是黄色、绿色和蓝色色列。这些色彩在北斋的作品中经由一种炽热的色调而重焕活力。我们随后在其几大风景画系列中可以看到，着色师的这种审慎达到了极致的效果与简洁。

在这一时期，北斋与其他画家的合作本身便显示出他在风俗画派中所占据的重要地位。1797 年，《垂柳的绿绦》(*Les Cordelettes du saule pleureur*)出版，其插画由北斋、荣之和重政共同完成。同年，《乡村的雾》(*La Brume de la campagne*)出版，北斋与重政、津谦（Tsukane）的名字同时出现。1798年，《投弹》(*Dan Tōka*)出版，这本男性舞曲汇编集结了颇为著名的插画师，如野木（Yekighi）、等琳、荣之、重政、歌麿，北斋也位列其中。此外，1804 年，他还和丰国为《一只心爱的猴子的复仇》(*La Vengeance d'un singe chéri*)合作插画。

北斋继续在黄表纸中绘满这些有趣的图画，一如他开启职业生涯时那般[1]。与此同时，在 1793 年，他开始了令人赞叹的摺物系列创作。这些迷人的小型版画十分贵重，用毡制成，经由凹凸花纹和金属光泽的衬托，在他海量的作品中自成一格，且数量可观，既精致又奢华，饱含雅致、奢侈和灵性。

---

[1] 1800 年，时太郎可侯（Tokitaro Kako）的签名出现在两本"黄本"的封面上，他既是作者又是插画师，这两本书分别为《灶君简史》(*Simple histoire du général Kamado*)和《儿童教育作品集》(*Compositions instructives pour les enfants*)。1803 年，人们在《快餐食谱》(*Livre de cuisine rapide*)以及其他一些标题无法被翻译的作品中再次发现这个签名。直到 1811 年，新版强盗首领故事《熊坂》(*Kumasaka*)面世时仍能看到这一署名。早前，在 1792 年，北斋就曾为京传的小说《桃太郎的古老传说》(*L'Antique Légende de Momotaro*)绘制插图，并且在 1794 年，这位最为著名的日本作家之一开始和北斋建立联系，北斋在随后的一段时间里成为京传的特约插图画家。而马琴（Bakin，1767—1848）早在 3 年前便已经展开了类似的合作。——作者注

此处，幽默的观察者的想象力，与稀有的材料和精美的制作相得益彰。

一切都可以成为他心血来潮的灵巧创造的载体：通知信、新年贺词、茶道邀请[1]。或许通过这些，人们能够最细致地了解北斋独创性的发展历程，他个人的艰苦与他作为门生的劳苦，他对于自然的研习，以及他对于熟悉物品的速写。那些描绘女性的著名摺物作于1798年及其后几年，正如满怀热爱地进行研究的龚古尔所言，这些作品显示出一种为了摆脱早期阶段矫揉造作的、如玩具娃娃似的、约定俗成的优雅而作出的努力，一种为了创作出更为丰富的作品与真正的女性优雅而作出的努力。北斋的画作中还出现了马、猴子、乌龟、玩偶形象的十二生肖、一棵李树下的两只野鸡、两只在雪上飞舞的燕子。有女性（譬如韦弗藏品中的那个迷人的亚马逊女人），有陪伴着她的孩童们，有木偶，还有梳妆的仪式，对园艺师的拜访，在花园里的休憩。有售卖小玩意儿、辫带和假发的商贩。还有自1801年起出现的静物画系列，和自1802年起出现的风景画系列。

通过分析司马江汉对受到多位大师浸染的北斋所施加的不甚明显的影响，我们可以看到，遑论其他，这种影响极

---

[1] 北斋是从一张音乐会门票开始这类创作的。人们可以在那张门票背面读到某位音乐家的话语，龚古尔为我们保留了这段文字："尽管天气炎热，我希望您身体健康，并且我要告知您，得益于我在公众之中的成功，我更改了姓名。为了庆祝我启用新名，下月四号，我将在所有学生的协助下，于两国的木屋店内举办一场从早晨十点持续到下午四点的音乐会。无论晴雨，我都期待您的来访。"（该摺物创作于1793年，署名武仓春朗。）——作者注

富嶽三十六景 凱風快晴

《凯风快晴》（*Le Mont Fuji par temps clair*），版画，1802年。

可能是北斋决心去学习风景画的原因。应当尤其注意的是，1786—1804 年的北斋，与其说是一位个体大师，不如说更像是一个流派艺术家，一个浮世绘画家（ukiyo）。在他这段时期的作品当中，风景画创作不仅仅局限于 1796 年的 12 幅印刷品和《琵琶湖八景》(*Huit Vues du lac Biwa*)。1800 年之前，他出版了《东海道驿站》(*Stations du Tokaïdo*) 四个系列。东海道是东海的一条著名驿道，沿途悦目赏心，最为优美和千变万化的风景不断交替，犹如一场令人赞叹的自然和艺术朝圣之旅。该作品随后启发了众多日本艺术家，首屈一指的便是伟大的广重。第五个系列发表于 1801 年。同一时期还出版了《墨田区大观》(*Grande Vue de la Sumida*)、《隅田川两岸一览》(*Coup d'œil sur les deux rives*) 三卷、黑白版本（1799）的《东游》(*Promenade de l'Est*) 的彩色重印本（1802）——此处的东方即江户，东方的首都。

这便是一个男人在踏足一片他并不擅长且不具备任何潜力的艺术领域之初时所付出的努力。绵长的大块乌云穿过城市和乡村的景致，荡起一些粉色的雾气。而北斋用小人和日常场景填满作品的机敏，向人们提醒并强调了这位插画师的精湛技艺。他最大的才华在于直接观察的能力，为此他每天都通过速写加以练习，成果保留在小"黄本"的每一张纸页上。他的灵巧更加明显地体现在风景画《山满多山》(*Montagnes et Montagnes*, 1804) 中，这幅画的画面布局更好且更为轻透，描绘了环绕江户湾的一系列秀丽风光，并附有太古亭（Taïguenteï）的诗文。生命四处流转，满怀诙谐的兴致，或动人的优雅。两个醉汉蹒跚而行，引人发笑。一名清洁工在两个正散步的漂亮女子面前清扫道路。一个行商当着路上看热闹之人的面为孩童制作焦糖糖果。一个古物爱好者购买了一幅刻有纪念碑文的版画。北斋在创作中加入了天气和季节的变幻、天空的狂怒，还有他忧伤的诗文。猛烈的雨水和大风将一家旅人逼至北海道的城堡边上，活泼地撩起逃去躲雨的漂亮姑娘们的衣裙。白雪落在一个头戴黑色风帽的日本女人身上，这是春信笔下那位多愁善感的著名散步女子的姊妹，我还在广重的《名所江户百景》(Cent vues)中看到过她的一个小亲戚。北斋的艺术生动而简单，无需研究调色，他的色调具有一种奇特的柔美……

同一时期，大概是为了回应风俗画派的那些中伤之人，跟歌麿、荣之、重政以及其他浮世绘大师合作过的北斋表明，他有能力超越一种被学术评论界和遵循老旧传统的画家们评判为昙花一现且没有影响力的灵感。1804年5月23日，时值观音节，他当众制作了一幅传奇苦行僧达摩（Dharma）[1]的巨幅画像。彼时在日本有一个专事巨幅宗教主题绘画的流派。茶叶制造商高田夏帆（Takata Keho）就曾拜学于一位著名的魔鬼画家，僧人虎关和尚[2]。我们却没有发现北斋的任何一位师父涉足这门奇特的艺术：可能是他超凡精湛的技艺使他不需要任何老师，便可以自学并创作这些有趣神奇的图像。在一

---

[1] 术语"dharma"（法）指所有社会、政治、家庭、个人或自然准则和律法的集合。此处，该词表示法轮，即佛祖冥想时，出现在世间的达摩的象征。——编者注

[2] 虎关师炼（Kokan Osho, 1278—1346），日本临济宗禅僧，是日本五山文学的早期代表。所著30卷《元亨释书》为日本首部佛教史书。

张200米见方的纸上,北斋手持一把在一桶中国墨水中浸湿的扫帚,四处跑动,激发了人群的好奇与钦佩。当他完成时,人们竖起梯子,吊起画卷,一幅达摩半身像便映入眼帘。不久后,当北斋于1817年到名古屋旅行期间,他刷新了这一成就。据说,在1804—1806年,或是在1817年后,北斋继续对自己的技艺进行类似的公开测试:他在本所描绘了一匹巨大的骏马,一匹如泰坦般的坐骑,并且还在知恩院(Temple de Chion-In)附近,描绘了淳朴善良的布袋和尚。而后,他又转向极其微小的事物,以在一颗麦粒上描绘两只飞雀为乐,并且,为了使人忘却他作为一位细密画家、一位昔日的浮世绘画家、一位灯笼剪贴画画家所获的成功,他还在一张小纸片上描绘了《七省景观》(*Vue de sept provinces*),囊括了所有地形细节和地势起伏的情况。人们还看到这个不同寻常的男人用蘸墨的手指、瓶底、鸡蛋尖端作画,这些表演游戏或许是贫穷所迫,但至少让他的好奇心得以实践,同时也锻炼了他的技艺。

北斋得到征夷大将军稻荷(Inari)的当面接见,究竟是得益于他1804年所作的达摩画像,还是自己之前的声望呢?人们无从知晓。而1806年12月,皇子俯允组织了一场著名中国派代表画家写山楼谷文晁[1]和北斋间的比赛。在大厅的一块纸板上,北斋涂抹出一些蜿蜒的蓝色海浪,随后捉住一只公鸡,将鸡爪染成红色,任其在画作上走动。于是,人们认出了龙田河的波浪,顺流冲走的绛紫色枫叶。而被眼前之景迷住的

---

[1] 谷文晁(Tani Bountcho,1763—1841),画号写山楼(Shazanro),日本江户时代末期著名画家、诗人。谷文晁曾广泛学习狩野派、圆山派、西洋画法等,并系统研究过中国绘画,其绘画风格广泛,内容涉及山水、花鸟、人物、佛像等。

稻荷竟忘记了自己先前急于离场猎鹤,毫不犹豫地将桂冠赐予北斋。据说,这是平民百姓第一次在征夷大将军面前获得接纳。这则逸事大约发生在北斋作为风俗派画家最负盛名的时期。

下页图:《下野黑发山之瀑》(*Cascade au mont Kurokami*),出自《诸国瀑布揽胜》(*Voyage vers les cascades de province*)系列,版画,约1832年。

諸國瀧廻り 下野黒髪山きりふりの瀧

成 熟

小说。《北斋漫画》。旅行与风景。

暮年时分，北斋的成熟与漫长的衰老阶段，被不计其数且种类繁多的工作所填满。为了躲避孙子的债主，这个历经岁月的男人经历了极度贫穷、流离失所、连年东躲西藏。但他越是被岁月和债务压得不堪重负，便越是热切渴望在生命形态面前表达自己的情感。他越是困苦，仿佛就越是热烈与轻巧。于是他的作品数量变得愈加庞大。他成了"画狂"。

1805—1817年，北斋是著名的冒险小说插画师，他的想象力和学识为武良茂（Shigeru）、马琴[1]和种彦[2]的小说故事赋予了非同凡响的生命力。与马琴的决裂致使他下定决心出版了一些没有文本的画册，成为他作品之中最为著名、最为丰富、也可能是最为精美的一部分。1817—1834年左右，他在几经磨难之后为我们带来了知名的风景画系列。最终，从1834—1849年（即他逝世的那一年），他结束在浦贺（Ouraga）的退隐生活，临近大饥荒时，又重新回归到插画、小说、中国诗集、

---

[1] 曲亭马琴（Kyokutei Bakin，1767—1848），日本江户时代末期著名作家。他的不少作品都由葛饰北斋绘制插画，其中《近世怪谈霜夜之星》和《椿说弓张月》的成功面世让两人名声大噪。

[2] 柳亭种彦（Ryūtei Tanehiko，1783—1842），日本江户时代末期通俗文学作家。柳亭种彦因仰慕山东京传、曲亭马琴而开始创作读本与合卷。由于工作关系与葛饰北斋多有往来并成为朋友，他的某些读本的插画均为葛饰北斋所绘。

武士画册的创作当中。

长久以来,日本小说只是对历史的简单改编,细节荒诞不经,但不会插入虚构的人物。京传开此先河[1]。这是一个生活在首都的男人,一个商人的儿子,在一些乌烟瘴气的场所度过了放荡不羁的青年时代,懒散享乐,并且在绘画和文学间徘徊不决。京传留下了几幅精美的版画,被安德森[2]收藏分类。他先后娶了两名艺妓,成为他的两个善良而忠诚的妻子,其中第一任被喻为"出淤泥而不染的莲花"。此外,精明如他,精打细算,处事深思熟虑,且酷爱借书——他造书,却从不买书。京传于1782年开始出版一些淫秽文集,然而1790年的敕令阻止了他在这条道路上的发展。他被处以50日拘留,思考过后,便从那日起着手撰写伦理小说。于是,充满戏剧性的情节和恐怖的场景接连出现在他的作品中。京传一时间洛阳纸贵。人们团团围住他的出版商,车马侍从和年幼的牧童都知道他的名字。

然而,京传的门生马琴在作品产量、创作实力、文笔生动性甚至名望方面均青出于蓝而胜于蓝。这位出色的文学工匠站在19世纪的入口,犹如一尊古代英雄雕像。他被某些日本评论家拿来与莎士比亚相提并论,事实上他更容易让人联想到大仲马。这个没有雇主的武士,四肢粗壮,体型宽阔魁

---

[1] 关于京传(1761—1816)与马琴(1767—1848),参见威廉·阿斯顿(W. Aston),《日本文学》(*Littérature japonaise*),法文译本,Paris, 1902, chap. VIII。——作者注

[2] 威廉·安德森(William Anderson, 1842—1900),英国外科医生,日本明治时代的外籍顾问、著名日本艺术品收藏家与研究专家。

梧，前庭饱满，蔑视所有肆意侮辱他的企图。为生活所迫的他，曾是一个书商店铺里的小伙计。一些被他的仪容仪表所迷惑的经理人，力图鼓动他加入相扑力士展会而未果。他的老板提议他迎娶自己的外甥女，后者的父亲经营一间茶馆，经常受到一家妓院顾客的光顾。但马琴如是说："经营一间妓院并不比乞讨或偷盗更好。"他拒绝因为这样一桩婚姻而玷污了从父母那里获得的体魄。最终，他同一个鞋商的女儿结为连理。然而，当他能够当家做主时，便立刻急于将这一产业出让给一个女婿，以便重操高尚的文学职业——岁月的苦难让他远离战争与良臣的职责，这是唯一能与曾是武士的他相称的职业。如此这般，可以见得他内心极致的朴实与正直，和一颗最不谙世事的灵魂。马琴与北斋的合作漫长而动荡[1]。英雄小说为插画提供了一些奇妙的素材场景：战斗、复仇、酷刑。

---

[1] 除了《幸福之海的星辰》(*Une étoile de l'océan du bonheur*，1794)，还有《重宁的精神转变》(*La Conversion de l'esprit de Kasane*，1807，龚古尔，p.73)，《墨田区的柳树和李树之新书》(*Le Nouveau Livre des saules et des pruniers de la Sumida*，1807)，《园中雪》(*La Neige du jardin*，1807)，《去往天堂的罪犯的灵魂》(*L'Âme du criminel qui va au paradis*，1807)，《面花或一名艺妓如何博得一个男人的好感》(*Fleur de pâte ou Comment une courtisane s'attache un homme*，1807)，《因复仇而闻名的男人们》(*Hommes célèbres pour leurs vengeances*，1808)，《三七全传南柯一梦》(*Rêve sous un camphrier du sud*，1808)，《椿说弓张月》(*Le Croissant de l'arc tendu*，1807—1811)——共29卷，其中发行的5个版本让书商林将军(Hayashi Shogunro)从此发迹，《南柯一梦》(*Le Camphrier du sud*)第二部(1811)，《苍人法官的意图》(*Les Desseins du juge Aoto*，1812)，《两个盘子的乡村故事》(*Le Conte villageois des deux assiettes*，1815)。最后，还应当加上共计90卷的《水浒传》(*Soyikō den*)。这本中国历史小说由马琴和兰山(Ranzan)翻译成日语，北斋为其中的前5个系列，即50卷内容绘制插图。——作者注

《金太郎与魔鬼》(*Kintoki et le démon*)，出自《百人一首》(*Cent poèmes comiques*)系列，1811年。

    北斋能够展现裸露的人体，直接如实地加以描绘：身体激烈地蜷缩与放松，以非凡的气力支撑着，疯狂地缠住肌肉发达的对手，同时又被一个力大无比的亚马逊女人的套索缚住。他们互相扼住喉咙，不断撕扯。扭曲的脚趾在厮杀的地面上抓出痕迹。漆皮盔甲阵阵作响。流箭穿进肌肉，鲜红的血液如喷泉般涌出。这些都发生在一个人们遭遇背叛、进行报复的世界。恶毒的丈夫将可憎的妻子扔入水中，并用船桨将其打昏。一个女人被粗暴地绑在一根实施酷刑的木桩上。另一名女子变成狐狸，去拯救一个死去女人的孩子。一声雷鸣将一个被罢黜的皇帝变幻成天狗。天神和妖怪都出现在画中。在《园中雪》(*La Neige du jardin*)里，一些可怖的身影来来往往，上演着如梦似幻的现实：顶着章鱼头的蜘蛛，巨大而凶猛的鲤鱼，被缠在如同织物般的龙鳞中狂怒的老虎。不久后，《百物语》(*Cent contes*)里的幽灵在一片混乱的氛围中诞生。此外，狂热之中，噩梦之中，人们看到高深莫测的公主和精心梳洗的随从；女子的优雅与神秘如花一般在惊恐之时骤然绽放，以此来区分面对的究竟是英雄还是怪兽的激狂。作为画面装饰背景的，是大量闻所未闻的野蛮酷刑，是佛教地狱，是背信弃义之人被五马分尸的场景。

在这些虚构与想象中，日常现实生活、手工艺人的生计、女子私密的梳妆，于北斋和读者而言都是休闲场景。充满爱意的漫步和恋人间的把戏为所有这些恐怖事物带来一丝纯朴的柔情。女孩们翩翩起舞，徒步旅行者们在山顶迎接日出。杀戮过后，一名战士喝着一杯清酒，乘船漂荡在河中央。这些小说插图已然构成了日本人，同时也是中国人生活的完整图景——倘若考虑到《水浒传》(*Soyikō den*)和《新编水浒画传》(*Nouvelle Vie illustrée des cent huit braves Chinois*)中涉及的资料之真实准确与内容之广泛丰富。

插画师的才华在很大程度上促成了传奇小说的风行，而文人职业性的嫉妒，或许正是贯穿北斋与马琴之间友谊嫌隙的根源。早在 1807 年，他们曾就《水浒传》第一卷内容首次产生了分歧。北斋在那一时期的声望及其画作商业价值的最好证明，便是出版商毫不犹豫地牺牲马琴，而把一本中国文集的日文译著续篇委托给了高井兰山（Takaï Ranzan）。两人最终重归于好，然而《三七全传南柯一梦》(*Rêve sous un camphrier du sud*)的插画让马琴产生了新的意见，北斋对此并未欣然接受。出版商须原屋市兵卫（Suwaraya Itchibe）艰难地引导两人达成了暂时的和解，同一著作的第二篇内容却让他们再次产生分歧。马琴千方百计想让北斋遵照原著，在创作时将一只鞋子画在其中一个人物的牙齿之间。北斋固执地拒绝了，因为觉得那是一种令人恶心的古怪行为。当马琴叫嚷着反对说这并非现实时，北斋才对他说道："那就试试吧。"

马琴或许是专横甚至易怒而学究气的。老武士的血液结合文人的傲气，以及为人师表的专制习惯，使他变得严厉且粗暴。他是以流派大师的身份在其子身边逝世的，并且我们知道，北斋在两人建立关系伊始尊称他为老师。然而北斋自己也是一个性格难以相处之人。他拥有会轻易转化为乖戾的穷人的骄傲，和伟大的独立艺术家们用以报复他们放纵生活和长久忧虑的无情讽刺。著名演员孝雄梅光（Onoye Baiko）非常仰慕北斋的才华。他恳请去看望北斋，但画家拒绝被打扰。这位喜剧演员仍然前去拜访，然而，他发现北斋画室的地板太过肮脏，不愿席地而坐，让对方展开一条毯子才坐下。自尊心受到伤害的北斋沉默不语，继续作画而不再转身理会他。梅光后来请求得到北斋的原谅。两人终成朋友。另一次，征夷大将军的一个供应商前来向艺术家求画。北斋正在太阳下忙于捉衣服上的虱子。他不喜欢来访者的容貌，于是冲他嚷嚷自己没空。对方耐心等待，最终得到他的亲笔画后离开。送客出门时，北斋说道："如果有人问起您我的工作室如何，别忘了告诉他，我的工作室非常漂亮！非常干净！"[1] 他执着于

---

[1] 参见《葛饰北斋传》，转引自龚古尔，pp.69-79。——作者注

这种疏远讨厌之人的粗野，并以此炫耀，正如炫耀他的贫苦一般，带着一种粗鲁的满足，他在门上刻下两个词：八右卫门（Hachiemon），农民。

人们料想，一个有着如此性格的男人，应该很难屈从于作者的意愿。马琴或其他作家的文字在北斋眼中只是自己发挥想象才华的起点。副标题为"画传"（dehon）的《水浒传》的出版商们正是这样理解他的。而作为文人，马琴非常执着于自己的意图，并担心这些意图能否被准确地表达出来，于是自然饱受苦恼，不仅担忧与其相关联的北斋的名望会威胁到自己的声誉，还苦恼于对方被他视作背叛的不顺从。

1815年，我们再次发现马琴和北斋的名字出现在《两个盘子的乡村故事》的抬头处。尔后，由于感到受困于他人的想法，北斋在很长一段时间里都不再与人合作。更多时候，他抛弃文本，出版速写画册。

1817年春天，北斋在尾张国名古屋市一个名叫墨仙[1]的门生家里逗留了6个月，自此开启了他著名的旅行。在这一年，或者可能在之前1813—1817年的一次旅行当中，北斋在门生们的再三恳请下出版了《北斋漫画》的第一卷。该书共计15卷，其中13卷都于作者在世时出版。[2] 1813—1815年，北斋

---

[1] 牧墨仙（Maki Bokousen，1775—1824），日本江户时代末期浮世绘画家、铜版雕刻师。牧墨仙起初师承喜多川歌麿，之后成为葛饰北斋的门生，是中京铜版画的奠基人。

[2] 名古屋之行的日期可以追溯至一篇记事（1817年11月13日），彼时，北斋当众创作了一幅巨型达摩画像，类似于我们先前谈到的另一幅画。与此同时，半洲散人（Hanshù）所作《北斋漫画》第一卷的序言证实，正是在大师旅居这座城市期间，他的门生们试图出版他的速写："北斋，这位才华非凡的画家，（转下页）

已经让人雕刻了数本绘画集。[1] 1817—1849年，除了《北斋漫画》，他还有众多画簿问世[2]。他成为人师，并教授他的绘画方法[3]，为艺术产业提供了范例[4]。然而，对他奇妙创作的最佳总结，对北斋的真实写照，对他才华横溢的好奇心的记录，我们都能在《北斋漫画》中找到答案。他是自由的，或说他仅臣服于生活本身，并且即便偶尔创作，他也会遵循自己心血来潮的梦幻，和出现在他眼里或想象中的狂热且杂乱无章的

（接上页）在到西方旅行后，停留在我们的城市。在那里，他结识了我们的朋友墨仙，以与他谈论绘画为消遣，并且在两人交谈期间，他画出了300余幅作品。现在，我们希望这些经验有助于所有学习绘画之人，并决定将这些画作结集成一卷付梓。当我们询问北斋应该怎样命名这本书时，他只是简单地说《漫画》，我们于是在其前冠以他的名字：《北斋漫画》……"（林忠正译，引自龚古尔的《北斋：18世纪的日本艺术》，p.115）"漫"（man）即随着思绪；"画"（ga）即绘画。贡斯译作《万千速写》（*Les Dix Mille esquisses*），安德森译作《北斋草画》（*Rough Sketches*），米歇尔·雷文译作《多样速写》（*Esquisses variées*）。由于北斋的画作所剩无几，为了补足最后一卷，出版商让名古屋市的一些画家创作了几幅额外的版画，其余画作则借用自绘画集《画狂北斋，写真镜》（*Hokusai Gakyo, Miroir des dessins*，1818）。——作者注

1 《北斋写真画谱》（*Hokusai Sheshin Gwafou / Recueil de peintures vivantes*，1814）；《三体画谱》（*Santaï Gwafou / Recueil de dessins dans les trois genres*，1815）。——作者注
2 《绘本早引》（*Yehon Hayabishi / Livre de dessins rapides*，1817），十返舍一九(Jip-pensa Ikkou)作序；《画笔绘本》（*Yehon Rohitsou / Livre de dessins aux deux pinceaux*，1817）；《画狂北斋，写真镜》(1818)；《北斋粗画》（*Hokusai Sogwa / Dessins grossiers*，1820？）；等等。——作者注
3 《画本早引》（*Soshin Yedehon / Livre de dessins pour les tout commençants*），即共计3卷的《略画早指南》（*Ryakuga haya oshie / Leçons rapides de dessin cursif*）的第一卷增刊（1812—约1815），《北斋画式》（*Hokusai Gwashiki / Méthode de dessin*，1819？），《绘本彩色通》（*Traité du coloris*，1848），等等。——作者注
4 《烟斗和梳子的流行设计》（*Modèles de pipes et de peignes à la mode*，1822—1823），《织物印刷新画》（*Nouveaux dessins pour les impressions d'étoffes*，1824），种彦（Tané-hiko）作序，《建筑师的新设计》（*Nouveaux modèles pour les architectes*，1836），等等。——作者注

事物。这里有用不朽笔迹铭刻的研究自然的热情，在日本或许是第一次，这种热情得到如此阐释，无需担心任何程式，亦无任何风格的介入。我们之所以见到北斋在年迈时全神贯注于技巧与方法，创造了一种基于"圆形与方形"（des ronds et des carrés）的绘画教学法，并且想要为一笔简单有力的笔触、一个画笔末端顿出的圆点赋予一种富有表现力的色彩明暗变化，是因为他在力求用最为直接、最为简洁的方法表现形式，在坚持尽可能少地设置生活中的桎梏。浅灰色、浅粉色和墨黑色，于他而言足以为《北斋漫画》中的速写着色并凸显立体感。带着这些学识，他缓缓前行。他四处行走，在公路上（这也是他为1840年出版的一本合集所选的标题），在古老寺庙的角落，在穷人与富人的住所，在墨田区的河岸，在怪物麇集的海岸，在高砂市传奇的松树下。神灵和被封神的先帝、著名的中国武士接替杂技演员、脚夫、相扑力士。某一整个系列的设计都用于刻画瘦削之感，从饿得皮包骨头的人，一直到具有独特优雅气质的略瘦的人。尔后是和蔼可亲、年过不惑之人的丰腴，最后是沉溺于脂肪和懒惰之人快活而惊奇的肥胖。书页之隅，孩子们相互追逐，翻着跟头。当然还有各行各业的工人，他们的配件，他们的工具，对蚕虫的饲养，剿丝和编织的机器，全都显示出一种对工业奥秘和手工奇迹的好奇。所有一切，视观察和想象而定，一个混杂无序的宇宙陡然被倒入这些画册的书页之间，在那里，生命依然微微颤动着。

出自《北斋漫画》，版画，1817年。

《群鹭》(Hérons)，1823年。

随后便出现了北斋最为忠实的门生们的名字，他们专注于复制老师的画作：北亭墨仙（Hokovitei Bokusen）和北泉（Hokuoim）负责第一卷，北溪[1]则负责第二卷。几乎所有的前言都在称赞北斋的同时颂扬了风俗流派，尤其是第三卷由蜀山人[2]所作的序言。第十卷完成时（1819？），人们以为整个系列已经结束，却在多年以后的1834年又重新被续写，出版了第十一卷，其导言由种彦执笔。这个系列让我们明白，北斋老头十分希望能够一直画到第二十卷。

---

1 鱼屋北溪（Totoya Hokkei，1780—1850），日本江户时代末期浮世绘画家。鱼屋北溪是北斋的第一位门生，他不仅创作了一些技巧精湛的风景画，还为大量狂歌绘本与摺物绘制插画。
2 蜀山人（Shokusanjin，1749—1823），本名大田南亩（Ōta Nanpo），日本江户时代末期文人、狂歌师。

然而，他的风格不断演变着。1814—1823年，戴斗这个签名显示出一种全新的个性和一种更为尖锐的才华。在《写真画谱》(*Sheshin Gwafou*) 和《北斋粗画》(*Sogwa*) 中，北斋运用更雄浑、更粗犷的笔触去处理人物。宁静淳朴和循环往复的日常生活，被一种大胆独创、动人心弦且庄严盛大的表达所接替。与此同时，北斋怀着一颗更为广阔的灵魂回归对自然的研究当中。他离开城市及其边郊，转而探索乡村。

离开名古屋后，北斋游览了伊势和吉野 (Eashiou)。在吉野，他尤其观察到一些精美而稀奇的烟斗，并在其《梳子设计》(*Modèles de peignes*) 末尾加以描绘。他曾在大阪逗留，那里有一个极小的画派延续着他的教学传统。最终他停留在京都，亦即学院派艺术、官方绘画以及庄严画风之都。北斋在那里重新见到了谷文晁，后者被派去视察一座寺庙里的雕像。谷文晁并不记恨这位年老的艺术家曾让他在征夷大将军面前蒙受失败之辱，反而非常欣赏北斋笔下的一条龙，并竭力向他的同僚们分享北斋丰沛的创作激情，尽管很可能收效甚微。然而，大师的才华似乎让岸驹[1]暗暗担忧。这位无可争议地统领流派的画虎名家，或许将自己的这种感受吐露给了门生。其中一人在一段时间后，邀请北斋前去信州看望岸驹，并将他留在自己身边一年之久：此人便是高井三九郎[2]，一名酒

---

[1] 岸驹（Ganku, 1749—1838），日本江户时代末期画家，岸派始祖。岸驹身为宫廷画家，自创写生技法，以擅长画虎而闻名于世。

[2] 高井三九郎（Takaï Sankouro, 1806—1883），即高井鸿山（Takaï Kozan），日本江户时代末期浮世绘画家、儒家学者。高井鸿山早年师从岸驹父子学习绘画，晚年结识葛饰北斋并邀请其前往自己的家乡小布施，后者在那里创作了许多精美的肉笔画。

商兼考究的学者。

在路旁的树木间,在春风拂过的田野上,在海水将浪花撕扯成凹凸不平的古铜纹理的岸边,矗立着一些永恒的形态,被四季的诗意和环境的作用以转瞬即逝的外形装点着。生活在山脚下缓缓进行:农民俯身弯腰,半身消失在稻田低矮的作物里;渔夫将渔网抛入倒映出皑皑雪峰的平静的水中;朝圣者和漫步之人在桥的转角处擦肩而过,身旁便是森林穹顶之下,犹如巨大的银色管风琴一般的瀑布。但是,大地强大的倦意控制着人类的躁动,并将其压制。从这位喜爱旅行的艺术家的灵魂深处,响起了一首比以往更为安宁与辽远的歌。第一次,孤独展现在他面前,并出现在他的作品中[1]。富士山,这座神圣的山岳,这一神秘传说和古老自然主义幻想的庇护之所,耸立在湛蓝色早晨的清凉中、金黄色傍晚的霞辉里。空气与其形成的海市蜃楼如同柔软的披巾环绕着山颠之雪、悬岩山侧和顺坡而下的松林。即使在雪舟时期,日本艺术也从未经历过更为广泛的深思,亦从没有日本画家如此严肃地靠近过自然。

漂泊的艺术家从旅行中带回的回忆与印象,用最为高雅与稀有的诗意浸浴着他这一时期的作品集[2]。

---

1 尤其参见《富岳三十六景》(*Les Trente-Six vues du mont Fuji*)、《凯风快晴》(*Beau Temps par un vent du Sud*, 1825),等等。——作者注

2 《富岳三十六景》(1823—1829,实际包含了46幅版画),黑白色调的《富岳百景》(*Les Cent vues du mont Fuji*, 1834—1835),《诸国瀑布揽胜》(*Les Huit Cascades*, 1827),《诸国名桥奇览》(*Les Ponts pittoresques*, 1820)。还应加上《百人一首乳母绘说》(*Cent poèmes expliqués par la nourrice*, 1839)中的27幅绝美风景画,以及《日光山绘景》(*Description de la montagne de Nikkû*, 1837)中2幅描绘瀑布的版画,等等。——作者注

《诸人登山》（*Groupe de montagnards*），出自《富岳三十六景》系列，版画，1830—1832年。

冨嶽三十六景 諸人登山

《骏州江尻》（*Ejiri dans la province de Suruga*），出自《富岳三十六景》系列，版画，1830—1831年。

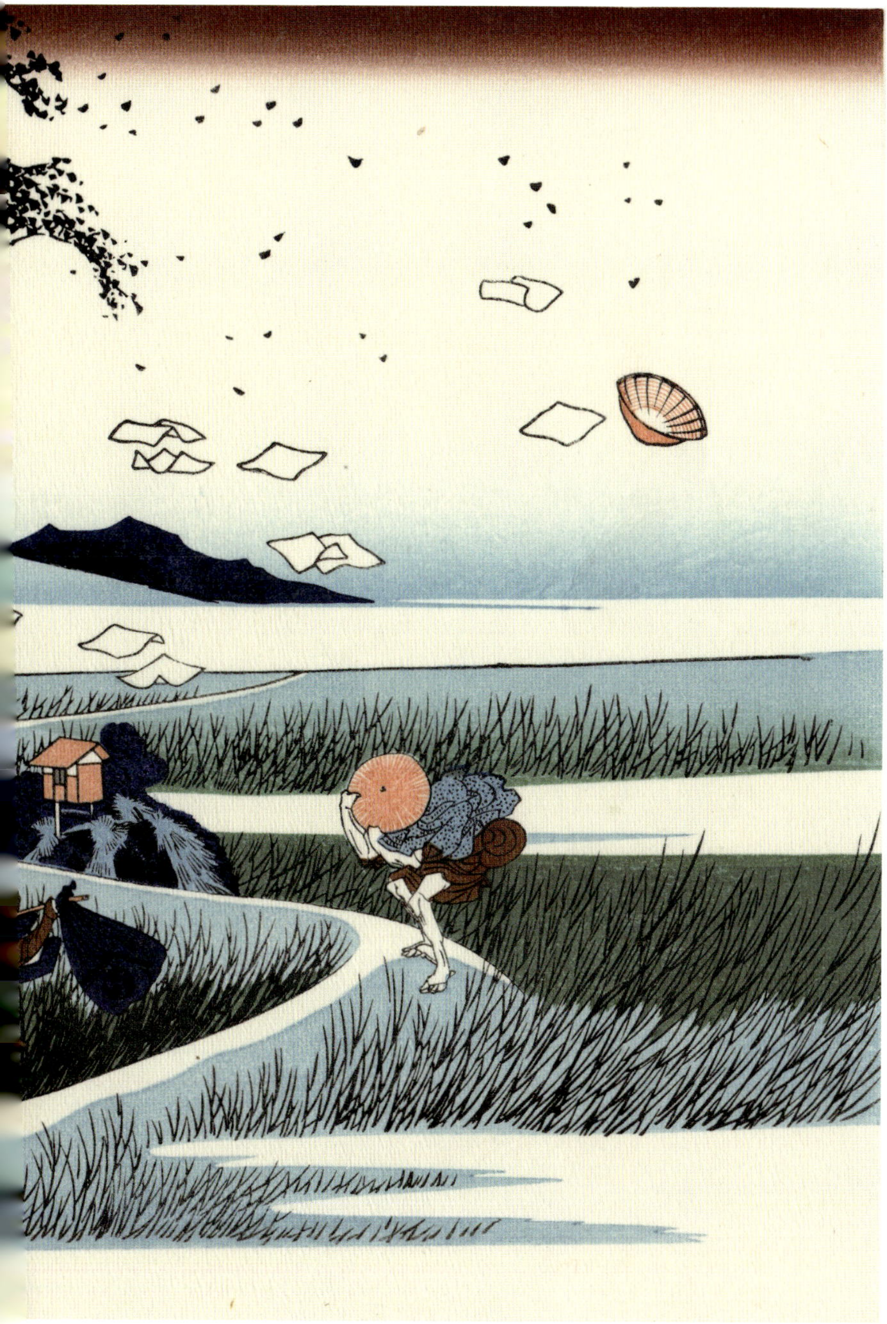

《百物语之提灯阿岩》（*Le fantôme d'Oiwa*），1826年。

仿佛我们和他一同脱离了日常生活斗争，再也听不到城市的躁动与喧嚣。怪物消失在地平线，带走了野蛮残忍的复仇念头。于是苍穹之下，穷苦之人的心中，一片和平安宁。在宏伟壮丽的世界面前，他睁开已被缭乱的双眼。甚至在困苦之年伊始，《富岳三十六景》《诸国瀑布揽胜》《诸国名桥奇览》在葛饰北斋的作品中，都属于一种从容的休憩。这不是因为他在休息或忘却了时间，他并不曾停止创作和学习。1810—1820年，摺物比从前更加稀少，随后系列作品重返潮流，并且自1820年开始数量众多。系列作品一方面证实了大师的两位学生北溪和岳亭[1]造成的有趣影响，另一方面表明了艺术家非凡的精湛技艺：他会为了出于好玩而改变自己的风格手法，以模仿丰国为消遣，并在5幅描绘演员的版画中署名"为一（I-itsou），葛饰区的老人，滑稽笨拙地模仿他人"。

随之是贫苦和流亡的时期。为了躲避孙子的债主，北斋不得不于1834年藏身浦贺。彼时，他写给出版商的书信显示出其性格的崇高与天真、他的屈从和他作为艺术家的严谨。他毫无隐痛地记录下隆冬时节自己仅有一件破旧的长袍抵御寒冷。他倾诉生活的动荡，流露出这动荡赋予的隐秘与审慎："由于当下我的生活并未暴露在大庭广众面前，我不会把我的地址寄给您。"令处于贫穷中的他感到害怕的，是缺少纸张、颜料和画笔的念头。当储备耗尽，他便前往江户，只不过是

---

[1] 八岛岳亭（Yashima Gakutei，1786—1868），画号春信，日本江户时代末期浮世绘画家、诗人，是鱼屋北溪和葛饰北斋的门生，以其作品之多产和技艺之扎实而广受赞誉。

《千绘之海》(*Mille images de l'océan*),版画,1832—1834年。

千絵の海 銚子

悄然前去……他认为自己是在暂时休息："我见到了那个触犯轻罪、无可救药之人，一切都要由我负担……我们准备让他经营一间鱼铺，还为他找到一个妻子，两三天后将抵达这里……"此外，他还不断为自己画作的雕刻提出建议。"关于《武士之书》(*Live des Guerriers*)（大概是《先锋绘本》[*Yehon Sakigake*]，由惠川印制、雕刻），我请求你们三人把这本书交给惠川留吉（Yegawa Tomekiti）……我之所以执意想要惠川操刀雕刻，是因为无论《漫画》还是《诗》(*Poésies*)（《画本唐诗选》[*Les Poésies des Thang illustrées*]，共计10卷，于1833—1836年出版），这两部作品的确都是精心雕刻而成的。但是尽管同样出自他之手，二者远远没有达到富士山三卷的完美程度……"另外："当我没有画眼睑时，我建议雕刻师不要在眼下增加眼睑；关于鼻子，这两个鼻子是我自己的风格[此处，艺术家插入了两张草图]。人们习惯于雕刻歌川式的鼻子，但我完全不喜欢，这与我的绘画准则相左。这样画眼睛也很流行[新的草图]，但与那鼻子一样，我同样不喜欢这眼睛。"

这一时期，北斋的摺物和独立印刷品中的大多数，譬如《百物语》(1830)中的5幅版画，都属于他最为动人心弦的杰作。除此之外，他还为一些致力于展示忠于主人（1834）、孝顺父母（1835）的典范，以及展示"不为人所察觉的善行或恶行的后果"（1840）的道德教育合集绘制插画。他还开始重塑昔日的英雄传说，与其说是为了重现封建杀戮，不如说是为了致敬那些著名武士以及堪称圣人之人的德行。

在浦贺退休后,北斋回到江户¹。他亲自告诉了我们一段经历：在回去前的那个夏天，收成因酷暑而变质，漫长的饥荒席卷帝国。北斋为了生存而即兴创作了不计其数的画作，价格低廉到即便是在那些艰难到可怕的时月里也能找到买主。为了一把大米，他可以在一张纸或是一片丝绸上，将他事先随机覆盖在其上的污迹幻化为上千绝妙的想象创造。直到那时，他已然经受了命运为伟大艺术家们准备的所有类型的考验——这些无所挂虑的艺术家对金钱抱有一种绝对的蔑视。在这个几乎每天都有老旧木屋失火的国度里，北斋那时并未遭遇过火灾。然而在1839年，他的住所着火了，连同房屋一起烧毁的，还有大堆他从青年时代保存至今的画作。在女儿应为（Oyéi）²的陪伴下，他得以逃脱，但是几乎仅仅救下了自己的画笔。

尔后，北斋又重新投入工作当中。这个耄耋之年的男人，瑟瑟发抖地坐在一间杂乱破旧的画室里的火盆旁，一天也不停歇地动手工作。一旁的女儿正在画画，向来访者预言未来，或是寻找永恒青春之水的奥秘。她为我们留下了一张父亲的肖像，大约创作于老人在一幅令人赞叹的画作中呈现出自画像的同一时期。该画作被韦弗先生慷慨地捐赠给了卢浮宫。

---

1 根据龚古尔的说法，火灾发生于1839年；根据米歇尔·雷文的说法，该事件发生在1834年秋季。——作者注
2 应是北斋的第三个女儿，本身也是位艺术家，并且才华横溢。北斋承认她在描绘女性形象方面的优势。独立的个性让她无法和身为三流画家的丈夫长久地共同生活，于是她选择离婚并回到父亲身边，在北斋暮年时分给予了感人的悉心照料。——作者注

在如网般的皱纹之后，在衰老的重压之下，依然显示出容貌高贵的轮廓和认真耐心的表情。一双眼眸在突出额头的眉弓的庇护下半睁半闭，仿佛在异常专注地窥视着。形式的世界、生活的瞬刻片段从未被比这双眼眸更具热情与洞见的事物所观察和捕捉过。年迈力衰并没有让这双眼睛失去光彩或减弱视力，亦没有任何过分行为或过度劳累模糊这双眼睛如炬的目光。这种纯粹的贫苦而庄严的生活让其精湛的技艺不曾受损。这位画狂老人（gakyo rojin）——曾经的为一和北斋——滴酒不沾，因而不得不忍受那些善于纵情享乐的画家和文人朋友的取笑。然而这位画狂并没有时间提升品位抑或败坏德行。有时，他穿着便鞋和草衣去参加艺术家们的聚会。这个老人是谁？——葛饰区的一个农民。但是他懂得画画，并且所有人都认可北斋的才华。

1848年，北斋离开了本所，入住不远处的浅草地区。到那里的次年，他生病了。他满怀热切，希望能延缓死亡，再多活几年。"如果上天再给我10年时间……"，他说道，继而又改口："如果上天再给我哪怕5年生命，我就能成为一名真正伟大的画家。"1849年5月10日，在逝世前不久，他作了一首诗："哦！自由，美丽的自由，当人们在夏日的田野漫步，唯有灵魂，脱离了肉体。"

北斋的最后一个愿望，或说在即将成为"一名真正伟大的画家"时，他所从事的艰苦工作被打断而造成的遗憾，能够在他于15年前为《富岳百景》所作序言的名句里找到痕迹："自6岁起，我便有了描绘物体形状的嗜好。年近15岁，我已经发表了大量画作；但是我在70岁前创作的所有作品都不

《猿丸大夫之诗》（*Poèmes de Sarumaru Dayū*）插图，出自《百人一首乳母绘说》（*Cent poèmes expliqués par la nourrice*）系列，版画，1839年。

值一提。直到73岁时，我才将将懂得真正的大自然、动物、草木、飞鸟、游鱼和昆虫的构造。因此，待到80岁时，我依然能够取得更大的进步；待到90岁时，我将参透事物的奥秘；待到100岁时，我定能到达一个极佳的阶段，并且当我百岁之时，在我的作品中，无论是一个点，或是一条线，都将栩栩如生。我要让所有和我一样能长命百岁的人看看，我是否会遵守承诺。——75岁落笔,曾用名北斋,如今名唤画狂老人。"

北斋的艺术

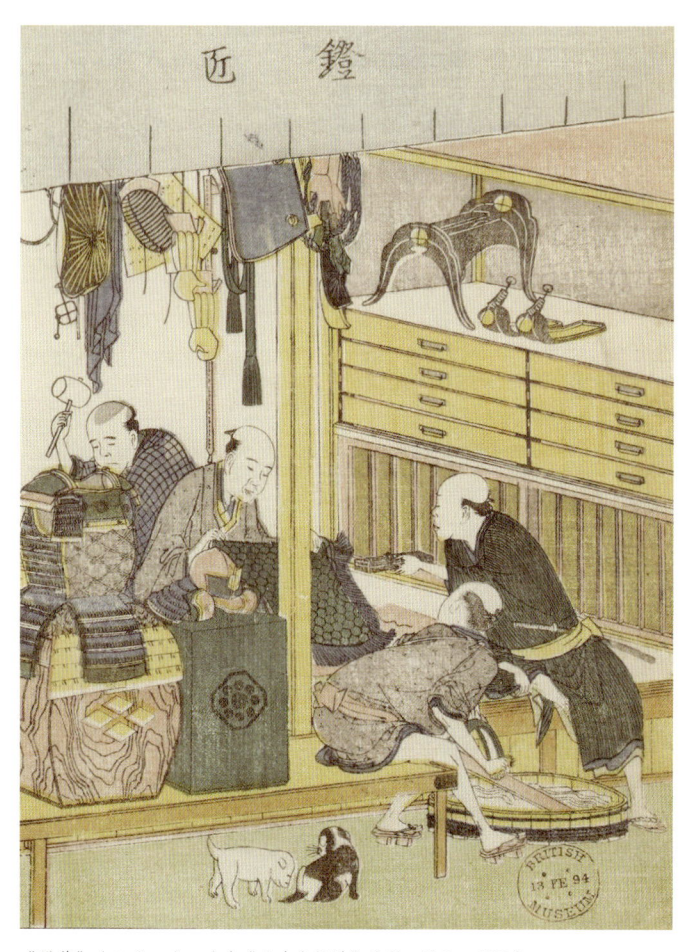

《浅草》（*Asakusa*），出自《画本东都游》系列，版画，1802年。

来自民间的灵感

平民北斋。

日本民族的幽默与道德品质。

北斋在民众中挑选笔下原型。

从出身和生平来看,北斋是一介平民百姓。从漠不关心的态度,或是从审美品位来看,他始终是一个穷人。他知道自己的艺术价值几何,并在宅门上刻下"八右卫门不绘扇面,不为学生画范本"。从社会关系角度而言,无论他的名望如何,他都是小人物的同伴,与之共属同一阶层。他喜欢他们的娱乐活动,赞同他们的信仰以及纯朴的风俗。在那个时代,艺术家和文人通常沉浸于生活的甜美,沉浸于这个有史以来最懂得享受的种族高雅考究的享乐。于是,夜晚浸润着葡萄酒和清酒的聚会将一种狂热的幸福所带来的兴奋一直持续到天明。浮世绘大师们与这些优雅的助兴艺人(taïkomati)类似,后者拥有高深的学问和良好的教养,其工作便是带领外地人在吉原穿行,教以对方著名艺妓的价格和职业美德。大师们的作品长久地颂扬这些合法的休闲娱乐和其他活动,并被女性及其芳香、优雅、任性、热烈、衣着和裸体所占据。他们喜欢奢华,因为懂得如何恰如其分地享受与平衡。歌麿坐在他最钟爱的女子当中,想到除了欢愉的爱抚和酥胸的曲线,一切都是虚妄。皇子作出了最为精致放荡的生活示范。作家们宣扬此类生活品位和秘诀，感官陶醉受到毫不隐藏的诱人而淫秽的书画的怂恿。然而，这个葛饰区的农民，身披蓑衣，草叶在雨中竖起，神色匆忙、形态粗犷地经过。他纯朴而节制，朋友们为此予以嘲笑，仿佛这是一种不合时宜的怪异之举。但是他不屑沉溺于纵情享受。他既不是精致的享乐主义者，也不是庸俗的贪恋欢愉之人，因而拒绝麻痹或消耗自己。

身为平民百姓，当贫苦将北斋赶出住所后，如同十字路口的街头艺人一般，他为了几把米，在露天场合里人们铺开的纸张或丝绸上展现画家奇妙非凡的技艺，并凭借吃苦耐劳的个人气魄和广泛丰富的日常创作，毫不羞怯地与百姓对话。得益于与他同一种族且同一阶层的人们，他不仅拥有良好的德行、平衡的道德感与对工作的热忱，还拥有手工艺人的灵巧敏捷和精湛手艺，让他得以不知疲倦地从无限大画到无限小，从本所和名古屋的巨型达摩画像画到麦粒上的微型麻雀。这并不是米开朗基罗式的娱乐消遣，而是一名英勇且开朗的工人机敏技艺的体现。他想用恰当的方式震撼观众，并且知道如何讨好老百姓，因为他自己便是其中之一。他知晓高贵风格的玄奥，但并未止步于此。如同西方杰出的手工艺人一般，北斋熟谙技术研究。然而，每当他有所发现，他并不会出于嫉妒自满而讳莫如深，而是急切地慷慨展示、广而告之：由此得来他的理论与方法。这个往来群众的逗乐者亦是所有人的老师。这个用蘸墨的手指、鸡蛋以及人们希望的所有方式来作画的男人，或许不相信艺术的顶点是征服极端的困难，但他确定，艺术是对材料的战胜，并且对于优秀的艺术家而言，一切都能用以表现生活。这是非常流行且日式的想法，尤其是当人们想到那些灵巧的匠人——他们凭空造出可人的玩具，懂得从极少的元素中获取最为有趣和稀奇的惊喜之物；想到那些制陶工人——他们似有神助，仿照威廉·李[1]的表情，用拇指懒洋洋地揉捏出成堆的泥塑并烧制成杰作。

我们在北斋作品中发现的某些道德方面的映像，同样需要与其出身相联系。我常常谈到日式幽默，但考虑后发觉，这个词是多么狭隘和不准确啊！日本人，尤其是小人物所特有的这一精神的表达因素是何其丰富多变啊！这首先当然是一种喜剧创造的独特天赋，是一种优美别致、不可思议的品位，结合了通常非常粗俗、时而有些淫秽的闹剧。然而这幽默始终带着一种克制的语调，一种礼貌的温和，一种在最为荒诞不经的故事中用以包裹极其滑稽可笑之事的精巧。三两个文明开化的民族所特有的不必言明的艺术，在这里找到了大师，一如那种将生命囿于伴随着几个圆点的潦草线条中而不加以模式化的艺术。通过数个音节便能显示出最为微妙的情感差异的语言，尤其有助于精简思维、暗示影射、表达趣味的碰撞。职业评论家们喜欢模棱的语法和隐晦的言语，他们把短歌的含义转化为著名的"枢纽词"（mots-pivots）。而理智的民众则更为冷静。谨慎的愉悦牵引着他们，也禁止他们过分热衷于文人们略带神秘的游戏。

---

[1] 威廉·李（William Lee，1750—1810），美国首任总统乔治·华盛顿的一个奴隶兼私人助理。整个美国独立战争期间，他一直在华盛顿身旁服侍，并且时常被画入绘画作品中，因而成为彼时最广为人知的非裔美国人之一。

《三国妖狐传》（*Histoire du renard à neuf-queues*），版画（双联画），1807年。

日本民众的天赋并不局限于清晰敏捷的才智、敏锐的分析能力与毫不苦涩且仁慈亲切的讽刺。他们喜欢通过令人愉悦的文字排列来表达微妙的情感。自17世纪起,藤原氏便垄断了短歌,并将这种文学体裁变成一种庄严刻板的书写练习,充满了学术禁忌与规则。老百姓于是为自己选择了另一方领域——俳句的17个音节于他们而言足矣。所有人,甚至包括农民,都成了诗人。某天,一位著名作家突然出现在一群喜爱抒情的乡下人的聚会当中,并凭借他的诗技震惊四座。随后在众人的恳请下,他说道:"我的名字叫芭蕉[1],正在进行一次实践俳句艺术的朝圣之旅。"善良的人们热情地围绕在这个"名字散发着芬芳、举世闻名"的男子身边。那些深受喜爱的俳句,带有深刻而精辟的诗意印迹,令人想起秘密的通信联系和大自然荡向人类的微妙回声。初雪轻轻压弯了菖兰的叶片,旋花的几缕卷须缠绕在一根井绳周围,一座寺庙的钟声在远方响起,背后是一帘盛开的樱花……北斋已然成为这门艺术的名家。人们在画面的更高处看到了他的最后一首诗,这或许有些文学气息的译文削弱了原本的诗意(借用自龚古尔之言),并使诗文动人心弦的简洁表达变得沉重。正如根付[2]的小巧使之更显珍贵一般,诗句的简洁性让那些纤小而感性的杰作更具暗示意义。

---

[1] 松尾芭蕉(Matsuo Bashō,1644—1694),日本江户时代早期俳谐诗人,是将俳句形式推向顶峰的"俳圣",尤擅俳谐连歌的创作。
[2] 根付(netsuke)是日本江户时期的微型雕刻工艺品,用于悬挂烟袋、钱夹、印笼等随身小物件。

出自《北斋漫画》。

然而，倘若相信评论界的评价，那么我们眼前便是一个"没有文化教养"的粗野的手工艺人。这个拥有众多画号的葛饰区农民能够创作出不止一本黄表纸的文本，轻易将自己的风格以假乱真成山东京传之笔，通过机趣地仿写大型冒险小说而走在流行的前端，在作为日本抒情诗珍品的轻快而深刻的俳句领域扬名。这大概就是所谓低俗的消遣娱乐所在吧。

但是，他的种族的灵魂在此得以完全地表达。因而，当人们能够展开研究时，如北斋——身为一介平民百姓，与那些懂得在保持单纯的同时挑剔讲究的善良且敏锐的艺术家们为伴——一般的才智，值得受到与古代及上层社会的艺术文化同等的关注与尊重。没有自命不凡的独断教条，而是满怀热情、精神饱满，通过对自身天赋的惯常练习，那些工人和农夫便成了艺术家。他们毫不费力地识破事物中令人赞叹地发出"啊！"的部分，而且运用必要的细微差别，将之极为美妙地表现出来。

我尤其欣赏这种愉悦，能够保护这些平民艺术家免于陷入沉重。北斋的作品向我们展示了这种愉悦的诸多特点。这个惹恼洛蒂[1]且让拉夫卡迪奥·赫恩给予权威分析的著名日式微笑，不仅仅是甜美亲切的标志。它在嘴唇上展现出内心深处的情感：一种对普世给予同情的天赋。在这种幽默中没有狡黠：它是谨慎而单纯的。它本能地融入一切有生命的事物

---

[1] 皮埃尔·洛蒂（Pierre Loti，1850—1923），法国海军军官、小说家。在远东与近东服役时的经历为他极富异国情调的创作提供了大量素材，著有《秋天的日本》《菊子夫人》等。

当中，捕捉其中的魅力、优雅或滑稽，不造成任何损害。这微笑勾起了我们普遍的好奇心，勾起了我们观察、认识以及学习的热忱，而这热忱构成了北斋天赋的特点，并解释了他所付出的万全努力。

愉悦、稀奇、礼貌、敏感的日本幽默与某些严肃的道德态度相结合。北斋的灵魂深为虔诚。征夷大将军府邸的一位司库向他传授了佛教知识。北斋信奉在日本拥有众多信徒的"法华宗"，日莲是该宗派的宗主。他常常去信仰的宗教庙宇进行朝拜，他尤其崇拜的妙见菩萨似乎便位列这一教派的众神之中。此外，他的葬身之所清光寺[1]也遵循日莲教规，埋葬他的僧侣们为他挑选了虔诚之人的美好谥号。

尽管北斋很热诚，但他的宗教信仰是宽容的，并非排他的。在其广阔的自然与生活的知识宝库中，佛教徒北斋为古老神道教（Shinto）的悦人传说也留有一席之地。这门宗教华丽的庙宇空空如也，没有道士，没有圣书，也没有祭坛。《北斋漫画》的第二卷和第三卷向我们展示了神道教善良的守护神们的形象，他们是百姓日常生活的庇护者与同伴。书中有自然力量的古老化身，也有工业和艺术的始祖：发明歌舞的阿龟[2]，创造丝绸的若虫[3]，泽被稻田的稻荷神[4]。再者，有思想之神、富足之神、胜利之神、神奇的捕鱼之神、琵琶之神。最

---

[1] 清光寺（Monastère de Seikiō-ji），位于日本山梨县北杜市的一座佛教寺院。
[2] 阿龟（Okamé）原是一种日本传统面具，代表天钿女命，后者为日本神话中的歌舞才艺之神。
[3] 若虫（Wakamushi）代指日本神话中的蚕之神。
[4] 稻荷神（Inari）是日本神话中的谷物与食物之神，形态可男可女，狐狸被视为其使者。

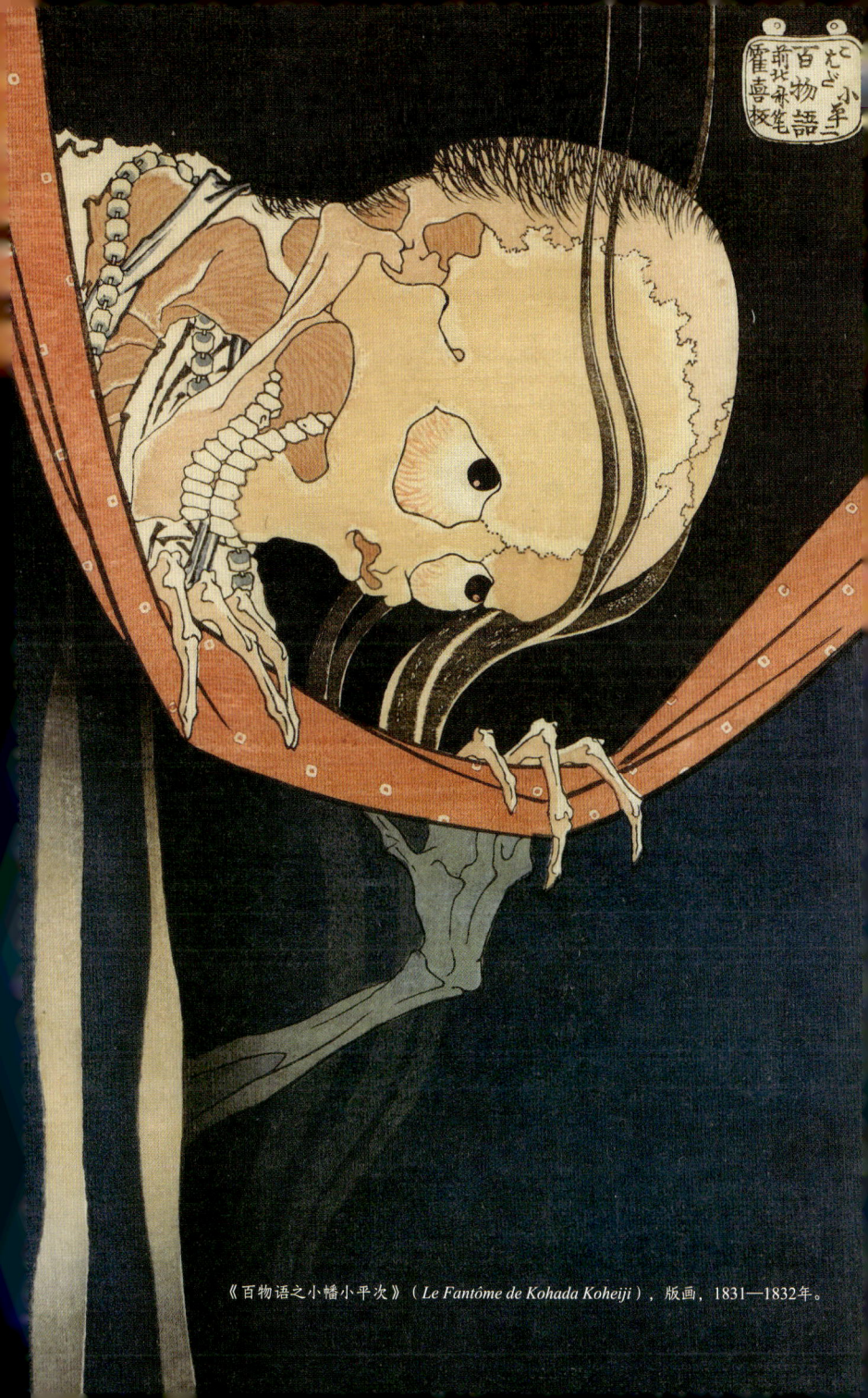

《百物语之小幡小平次》（*Le Fantôme de Kohada Koheiji*），版画，1831—1832年。

后，还有淳朴善良的布袋和尚，即远东的圣尼古拉（le saint Nicolas），在一堆老旧的衣服下，掩藏着由孩童梦想铸就的奇迹。佛教的天空敞开了，居满了更为严厉的神灵。但这些神灵并非不朽，而圣人的身后之名却可以恒久留存。我们能看到圣人们教授门生，陷入沉思，让喷泉喷涌，驯服走兽。他们中的大多数都是奇术师和魔法师。他们朴实的传说故事接连不断，其中穿插着任性腾跃的怪物和飞升的幽灵。

超自然现象在北斋的作品中占有一方重要席位。《百物语》中 5 幅关于幽灵的版画广受欢迎，却恐怖惊人。这个创造出形态神奇的蜿蜒飞龙的民族，在葛饰区的农民，这位坚定的佛教信徒、虔诚男子身上找到了它最为才华横溢的奇迹创造者。格里芬[1]的背脊在黄褐色的皮毛下微颤，因凶狠狂怒而震动。一旁的法夫纳（Fafner）[2]宛如一台歌剧机器。千年猛虎摆动着它滚圆浓髭的大脑袋，毛发经过 5 个世纪才逐渐花白。随即出现遇害女子们的鬼魂：牙齿尖利、专吃小孩的食尸鬼，露出一张丑陋而沾满鲜血的面孔。然而，这真如龚古尔所言，是一个为自己的梦幻而狂乱的空想之人的作品吗？无论这些想象之作的声誉和威望如何，人们都会怀疑，它们是否出自一个真正神思恍惚的灵魂深处。这是一些令人赞叹的幻想，一些不可思议的骇人之物。它们让人回想起那些由三两竹箍搭起的染色织物制作而成的奇异可怖的玩具，那些只需手指

---

1 格里芬（griffon），即狮鹫，一种传说中的鹰头、鹰翼、狮身神兽。
2 法夫纳（Fafner），北欧神话中的一个侏儒，因贪恋被诅咒过的财宝而杀害父亲，于是变成一条巨龙，守护着无尽的宝藏。

按压便能围绕着细绳制成的高空秋千跳跃的奇特骷髅。还有灯笼擎起的往来移动的巨龙，它们也是纸质的，骇人可怖，超出我们欧洲人的任何想象，却又带有几分幽默。它们符合一些我们难以洞明的道德习惯，一种既被允许，又感人、细腻且令人愉悦的幼稚。归根结底，这种幼稚可能便是智慧的本质。

在我看来，没有什么比《北斋漫画》第八卷中大象的形象能让人更好地理解这些细微表达了。这头大象体型庞大，有百岁高龄；它的体重并没有压弯如同被雷电劈过的树干般巨大的象足。它仿佛在倾盆暴雨后可怕的天空下，从原始野蛮之地的深处笨重地跑来。褶皱布满全身，犹如山谷纵横陆地。轮廓参差的耳朵垂在双眼之上。但从它的眼神中，能察觉出非同寻常的东西。它比美好更加美好，具有仿佛与所有古老事物相称的温厚和善。

它悠闲地捉弄着那些小人儿[1]，后者在它庞大而衰弱的身躯旁来回走动，身子挂在它的脊梁上、象鼻上、象牙上，手掌划过宛如秀发般的象尾长毛，再或者，伸出双臂，试图丈量象足的边界，正如远足之人在一棵名树脚下那般。同样地，这种怪物大多毛发旺盛、尖爪獠牙，转动着狂热的眼珠，令人想到眼神冷酷无情、头发浓密蓬乱、性情脾气如猛虎的厉害的年轻小伙子，而一个操着娃娃音的弱女子便足以将他们

---

[1] 些力图通过触摸来感受大象奇特外形的盲人。参见泰奥多尔·迪雷（Théodore Duret）的《日本插图书籍与画册》（*Livres et albums illustrés du Japon*），第219页。——作者注

《甲州石班泽》(Le pêcheur de Kajikazawa dans la province de Kai)，出自《富岳三十六景》系列，版画，1830—1832年。

《隐田水车》(*La Roue à eau à Onden*),出自《富岳三十六景》系列,版画,1830—1832 年。

驯服。天狗粗犷凶恶，但口音滑稽，并不会让人栗栗危惧。有时，这天神也会翻筋斗。

上述种种可谓体现出了民间宗教信仰的色调，体现出了一颗无法达到庄重从容的虔诚境界之灵魂的轻浮稚气。它否认了日本人天姿的重要因素，即习以为常的激情兴致，和毫不粗暴的敦厚和善。一颗笃信宗教的灵魂包裹在一个诙谐幽默之人的躯体下，这是一种稀有并应当保留的特质。倘若想要理解这门艺术的各方各面，则必须承认这一点。该艺术不会有任何减损，而会在必要时隐去自身；它不会改变构成《释迦牟尼生平》（*Vie de ÇakyaMouni*）中插画特征的宁静透彻的美丽，亦不会改变如此广泛地穿透众多自然主义灵感的气息。它为讲述道德故事之人的趣闻逸事，以及富尔诺（Fourneau）将军的战术[1]增添了一抹微笑和几分高雅，但它避免取笑尚武的英雄与军人般的苦行僧的德行。这些人物已然在百姓心中树立权威、彰显性格，北斋只将他们坚韧与忠诚的形象完好无损地呈现出来。

北斋对民族过往的热爱不曾厌倦。通过他在武侠小说中的插画，我们可以猜测，在他身上同时充溢着残暴和美德。一些纯洁而忠诚的生命在屠杀与黑暗中消失。那段时期的数个世纪里，他们被视为典范，其光辉启发并鼓舞了世世代代。北斋不满足于展示他们与艰辛工作的斗争，或是在错综复杂的小说情节中的挣扎。他在献给伟大祖先们的画册中列

---

[1] 《富尔诺将军的战术》（*La Tactique du général Fourneau*）是葛饰北斋创作的最后几本黄表纸之一。

举了大量平民百姓。他根据名字的首个音节来排列《武家》（*Portraits des guerriers*）的肖像。他向19世纪的人们展现昔日忠诚的封臣。他将大和号战列舰勇士们的古老教训与上一时代末期道德体制的瓦解进行对比。如此，他成为改革者的助力，在日本美德历史上占有一席之地。

北斋的功绩在于无所畏惧地对百姓讲他当讲之言，并向大家介绍他们如兄如弟般的昔日英勇志士。英雄们拥有略显平庸的体型，犹如修补船体或在寺庙屋顶上抬起屋架部件的壮硕小伙。他们没有被掩埋在昏沉的镀金岁月中，而是站立着，带着生命的色彩和运动，肌肉组织做好了战斗的准备。奇妙的灵感焕活了多少现实和虚构的故事，这些灵感仿佛汲取自生活本源，让英雄伸直了手臂，挺起了胸膛。在他们的一旁，圣人、著名文人和伟大艺术家好似从久远的过去跑来，蜂拥而至我们眼前。或许他们已经失去了传说与时间所赋予的庄严朴实，然而又再次具备了那种生动的真实性以及非凡的说服力，即个体性格和生命。面对这些有血有肉的人物，容斋[1]高傲的图像渐失色彩，退却到往昔的尘埃当中，仅仅像是对有名可循的人物书法般的评论。

因为街道就是北斋的画室，百姓就是他的模特。在他眼中，手工业的史诗最为美丽与浩瀚。他对农民的热爱可能更甚于市民，正是农民养活了普罗大众；他深受王侯显贵与其

---

[1] 菊池容斋（Kikuchi Yōsai，1788—1878），日本江户时代末期至明治时代初期画家。其代表作《前贤故实》（*Zenken kojitsu*）收录了585位日本历史人物肖像，包括皇族、忠臣、僧侣、武士、烈妇等。

《鲤鱼登瀑布》(*Carpe remontant une cascade*),1823 年。

仆从等双面人滥用职权之苦；机会来临时，他敢于昂首反抗。于是便响起了一首洋溢着罕见喜悦，同时致敬乡野生活及其淳朴美德的赞歌。怀揣着一颗情同手足的友爱灵魂，这个葛饰区的农民赞美农耕者的焦虑、欢乐、活计和消遣。这便是展现于我们眼前的，纵横着运河与耕地的广阔平原之景中勤劳而平静的生活画卷。我们日复一日地注视着这些和蔼可亲的庄稼汉、郊游者、古物爱好者、俳句诗人。海岸上，渔夫将渔网深入富饶的大海，他们的渔船从阿波（Awa）、桂离（Katsura）和岬町（Misaki）等各地，将大量贝壳、鱼类、植虫及其他丰富可口之物运载到日本桥（Nihonbashi）鱼贩的摊位上。潜水者潜入海浪中，找寻极为稀有的美味佳肴。鱼贩的伙计穿梭在人群里，灵巧地扛着一根长杆，上面挂着两个满溢收获的箩筐。一些摺物向我们展现了呈有鳗鱼、绯鲤和翻车鱼的漆盘。凭借足以溯急流而上、一跃横穿瀑布的活力与耐力而在日本家喻户晓的鲤鱼，徒劳地摇摆着稚气的鱼嘴，在户外晕厥。海洋深处的众多珍宝撑裂了渔网。粗大的网眼和难以容纳的猎物从中涌出。

江户的交叉路口，在向街而开的店铺里也上演着一些日常奇迹。人们编织着，建造着，雕塑着，凿刻着，簸扬着，锻造着，为马蹄钉铁。爱开玩笑的面包师加入看热闹的人当中。一切都躁动着，一切似乎都让某个生动的杰作从材料中涌现而出。一位街头艺人卖弄着一只猴子，此即雅致；几位杂技演员散开，来回兜圈，此即优美。勤劳之人与逗乐小丑的努力，使他们或紧张或放松的身体短暂显现出力量或柔韧。与此同时，大城市海量工作整体的狂热和细节的秀美亦被捕捉下来。

　　在观察行动、劳作、创作方面，画狂倾尽了他的所有激情。而当他离开人流拥挤的街道，扎身于自然，他仍能看到一个为普世动态所苦的世界，感受到疾驰的风和闪烁的光。风暴划破云天，海浪扑向汪洋。静止的高山上四季流转，见证了古老的灾难，如今仍有刻痕历历在目。在北斋眼中，每一个表象都表现了一种力量并反映了一个片段，每一个动作都是一个令他入迷的意外。为了抓住它们并付诸纸上，他创造了一些生活本身都无法超越的捷径。

《头戴斗笠挑着鱼的男人》(*Homme au chapeau conique, portant des poissons*)，素描、墨水和彩色颜料，1830年。

北斋的画风

运动与特征。

平面艺术方面。

创作。雕刻师的角色。

"我发觉,我笔下的人物、动物、昆虫、游鱼,都仿佛要逃离纸面。这难道不神奇吗?一位听闻此事的出版商想索要这些画作,让我无从拒绝。幸运的是,作为一个手艺娴熟的木工,雕刻师小泉[1]用他无比锋利的刀具割断了我所绘生命的静脉与神经,剥夺了它们逃脱的自由。"

北斋在《略画早指南》第二卷的序言中如是表达。他风趣机智地证实了我们从对其艺术原则与特征的研究中所学到的东西。

北斋是如何获得这种真理之力量的?这是否只是一些装神弄鬼的幻觉?倘若有时,在这篇随笔中,我偶尔使用了"瞬间的"(instantané)一词来形容得到准确表达的任一突然经过的活动,我并非取其摄影角度的含义。机械工艺定格了人体运动经历的一些失衡时刻,而并不意味着动作本身。从连续现象中切割而来的任意图像,始终与材料的惯性相连。那些"咯哒"声不能记录生活的瞬间,只是随意地捕捉和定格。我

---

[1] 小泉巳之吉(Ko-Idzoumi Minokichi,1833—1906),日本江户时代末期浮世绘雕刻师。

们的双眼不如相机那般敏捷，因而对这些奇特的图像一无所知。它们已然习惯于处理少量分隔的元素，即并不完美的视觉功能所允许捕捉的那些元素，而很难将这类扰乱其机能的微小却令人惊喜的成分重新组合起来。运动的艺术暗示则更加合乎逻辑，更为细腻微妙，更适合它的描绘对象及我们双眼的机制。它教会我们不将生命和事物看作无序静止的集合，而应视之为短暂和谐的自由游戏。

日本技术有利于北斋的探索，及其速写时对生命的追求。相比之下，我们的画家笨重地全副武装着，他们需要与一种胶质作斗争，与他们的画笔有时似乎要进行雕刻的一种立体而稠密的材料作斗争。所有热衷于行动和运动的人都减轻了行囊，并以省约的方式作画。他们试图在画面上保留草图蓬勃而鲜活的特征。

他们同样避免修补画面、使之平滑。他们力图赋予笔触简洁、有力、遒劲的线条，于是决意制成一系列快速且果决的印刷品，通过这些印刷品，画作似乎真正颤动起来。生命随着材料的日益丰富与持久而冰封。或许在一幅画作中，生命是最不沉重的。生命可以满怀激情地离开画面，而这激情由创作的忧思不曾禁锢过的学习研究所捕捉。这般朴实无华的艺术并不一定会变得更加生硬枯燥，反而更为轻盈有力。

线条不会导致一种单调的模式化：它是多样的、复杂的。它可能是才华最具表现力的创作源泉和最为真实的签名标记。譬如，德拉克洛瓦（Delacroix）的画构建了一些具有强大兽性的老虎和狮子，然而，在用一支狂热野性的画笔"抓划"

而出的画面上,虎狮轻快地跳跃,一如全身微颤着休憩,仿若不再受到任何束缚。简洁的线条使之变得更为热烈与可怖。

我赞美日本画笔的优点,它的灵活与坚实。或许日本画笔引人注目、引起我们兴趣的优点在于,它在艺术家与模特之间并未插入任何缓慢或复杂的东西。它既不沉重,也无压力,在纸张或丝绸之上敏捷地游走:毋需丝毫强调、改笔或费力。在贵族流派大师们的手中,它是精致却华而不实的书法工具,用来草签,以呈现苦行僧和武士的形象。在北斋老人的手中,它仿佛匆忙地一跃而起,紧紧抓住流逝的生命。它拥有非凡的雄辩所具备的停顿、爆发和简洁。时而在一种迷人的慵懒状态下自我放松;时而强烈、生硬、暴躁,不拒绝任何大胆果敢,却也懂得遵循一种优雅的节制。但是,它的精湛技艺从不外露。力量感与笔法的美妙在一个对此熟谙的男人眼中实在太过容易。线条是一门最为简洁有力的语言。北斋有时会放下画笔,使用随机的工具:这些练习帮助他忘却一些习惯和程式,而类似接连的遗忘也让他更加忠于自然,更加虔诚。

这一研究的基础,是对一项独有特征的分析观察。生命形式不是在空间中勾勒出的任意剪影。它们存在着,并依照亲密的组织和结构表现出来。或许,将一个整体中的元素彼此分离并横陈在解剖台上的这种分析,只能产生一种枯燥乏味的知识分类与概览。北斋截然不同于纯粹的形态学家,他并不满足于一张图解或一枚花押。

《唐狮子图（云中神怪）》（Shishi zu [créature fantastique parmi les nuages]），版画。

《雪中桂竹》（*Bambou géant surgissant de la neige*），版画，1831年。

《洗土豆的男人》(*Homme lavant des pommes de terre*),版画,1831年。

韦弗先生拥有一套无法估价的北斋速写作品。这些画作由大师的一位仰慕者收集于日本,并被仔细装订在一本精美的画册里。人们可以将其分类为相辅相成的两组:一方面,是一个复杂整体中的一些快速纪实,它们被匆忙捕捉,且仅限于界定运动中的形态(例如,一些用篙竿操作驳船的船员);另一方面,是以极度精确和高度真实性的方式对双腿、手臂、双手进行的近距离研习。观察在这里达到了分析性洞察力的最大限度,然而,观察并没有固定任何东西,细节也总是根据整体构思而成。正如北斋的灵巧未能给他带来创作的乐趣,这种专注的观察并未给画作带来更多的局部真实性和美感。北斋没有为了从容地进行观察而从画室的墙面取下形态恒定的石膏样本。他的模特就在那里,奔跑在街道上;肩负金字塔般的重担前进,佝偻却矫健;伸长脖颈痛骂着;争吵着。女商贩的手腕紧拎一篮蔬菜:手腕决定了肩膀及其余部分的动作。一只赤裸的手臂掀开百叶窗:手臂连接着身体,这微小的动作带动身体,并将其一半显露出来。

正是这一方法指导了北斋作品中对皮下肌肉的研习。一如这种方法在西方惯常实践的那般,艺术解剖基于一些尸体的碎块、一些拼接的板块,或是姿势固定不变、被剥去皮囊的生物模型,本就是一门静止与死亡的科学。长久以来,日本人不曾怀疑我们西方人调查时一丝不苟的态度,他们满足于那些常常被可爱的错误所玷污的约定俗成的指示。北斋并非从理论需要出发,但他本能地感受到在表皮下或多或少呈凸起状的立体感的重要性。这些立体的凸起不仅体现出缩影和动作的准确性，还有助于表现运动的真实性，因为它们显示出了决定运动的力量。

北斋毋需挑选一个躯体符合经典完美体形的一丝不挂的可怜之人，使其躺在画室的桌子上供自己生动描绘。他所生活的国度里，民众半裸着来来往往，且不会因慷慨展示富有表现力的肌肉组织而羞赧。他不必运用公式解决客体的移动问题，在皮囊之下，他无需根据雕像或姿势想象运动，也不用被引导着将运动设想为解剖部件的合成产物。他看见渔夫们伸长双臂、绷紧躯干潜入水中，俊美的船员们赤裸、柔韧的身体在海浪中嬉戏。他看到腿肚强劲矫捷的赛跑运动员拔腿而逃，身形庞大、矮壮、肱二头肌发达的男人们用公牛般的脖颈顶住对方，笨重地相互缠绕着角力。他的画笔以一种简洁的轻盈突出了与体貌特征相关的主要线条，即强调力道并能最有效地描绘行为的线条。他用画笔聚集能量，而不让无用的解剖学知识削弱这股能量。

在这方面，没有什么比北斋对杂技、瘦削和肥胖的研究更为有趣的了。他对街头古怪的田径运动员、四肢不健全之人、手技艺人很感兴趣，因为这些人本身也是灵活的艺术家。练习使他们的身体变形：扭曲的腹部坠至大腿，小腿短小而膝盖外翻，背脊或被"叠罗汉"的重量压扁，或被平衡杂技演员宽大的脚掌压平。然而，得益于姿势的强制性以及关节必要的分离，所有动作都被充满力量地以各种形式展示出来。强健的生命力穿过布满褶皱、战栗着的皮肤。变戏法之人赤裸并紧绷着身子，在空地里摇摆着，只为达到瞬刻的静止，

出自《北斋漫画》，第8卷，版画，1818年。

而这一瞬即完整凝结了肢体一系列清晰可见的努力：他们仿佛被木头钉住，被狭长的带子捆绑。

瘦削之下显现的，不是神经，而是骨架。乳房飘浮在胸廓之上，一如盖在篮子上的织物。当圆润丰满的身形鼓起，柔软起伏的线条被微微勾勒，肥胖之躯赋予生命运动以一种缓慢的节奏，好似一股懒散的温柔，显而易见的瘦削却几乎暴露了机体的活动，其棱角分明的秀美可以激发一幅风格峻峭的画作的震颤之感。

象棋棋手、厨师、三味线[1]演奏者、笨手笨脚梳妆的大姑娘、在十字路口忍饥挨饿的流浪汉、舞者[2]，所有人都真实而生

---

1 三味线（shamisen），日本传统弦乐器。——编者注
2 《舞者的三十种姿势》（*Les Trente Attitudes du danseur*），出自《北斋漫画》第三卷。——作者注

动，不仅因为他们正在活动或将要活动，还因为他们当中的任何一个都与他人毫不相似。他们不会演变成一种典型，而是强烈区别于身旁之人。北斋的观察远非毫无个性地局限于精准的动作与肌肉的收缩或放松，而是径直对准特征并加以掌控。他的观察一丝不苟地践行着对个体的尊重，而这种尊重在禅宗哲学及其教导中已然令人印象深刻。生命不是一阵带走难以分辨的群众角色的狂风。在富岳之巅，那栖居着神灵、倾泻狂风暴雨的高地，人类可能被视作一系列平淡而相似的生命形态。但在八右卫门的宅邸前，在街道上，极具多样性的个体络绎不绝。我们对这些生命的感受，只在于对其特点的感知。一个男人或一个女人，只有于人群中被辨别出时，才在我们眼中真实存在，而我们正是通过某一特征认出他们的。于是，我们赋予他们以生命。余下的皆为梦幻。在外貌不断变幻的背景下，个体立体地突显出来，并作为明确的实体呈现在我们眼前。

但是，一个鲜活的生命并非全然特别，画家须从一堆混杂无序的身份中，通过耐心的观察或横溢的才华来提取表明个人特点的独特风格。类似的性格叠合于类似的行业；类似的行业又叠合于类似的地区、城市和街道。体质、性情、生活方式、行业习惯可以勾画出一种个人形象，在构造、面色、步态和衣着方面都与多人相似，却又有所不同。有构成阶级和种族特点的特征，也有仅构成人物特点的特征。生活图景向我们展示了既可以辨认又未曾见闻过的人类典范，他们在保持自我的同时，也向我们暗示了群体的概念。

北斋超越了对风俗的描绘。在这些面孔之上，寻常的眼睛只会看到消耗精力的繁重劳动和平庸的生活条件，北斋则加入了表现个体生命的强烈的立体感。相较于面部，他更加致力于表现躯体本身。通过因负重而弯曲或懒洋洋地伸直的背脊，他描绘出一种奇特且惟妙惟肖的容貌，令人想起都德（Daudet）关于从某个男人背后观察其肩膀意味深长的明暗变化所作出的评价：这是一个肩负重担的男人，背负着他所有的悲伤与疲惫、欢乐与喜悦，他好夸海口、玩世不恭、性情温厚，也反应迟钝、淫乱猥琐。一个游手好闲的可爱女人体形微胖，背脊稍稍凸起，躯体丰满却不粗壮，背部宛如一首包含柔和愉悦与无上幸福的诗。还有那些女人的小脚，因用力、焦急或快活而蜷缩，抑或在清晨的花园里慵懒地拖着仿佛快要脱脚的木屐，又隐含了怎样的深意呢？

衰老和贫苦能够粗暴地散发出形态特征、个人风格与表现力。富裕和青春可将一个人的躯体活力掩匿在安逸与健康的外表下，苦难和岁月则会褪去他身上借来的外衣。他于是浑身赤裸着出现，被以溢满粗犷活力的笔触描绘出来。北斋是一位令人赞叹的刻画老人与穷人的画家。在寺庙的阴影下，在通往著名神社的宏伟的阶梯脚下，在高砂（Takasago）的松树下，他矗立了一尊巨大的蹲式老年雕像。槁项没齿的朝圣者们在蹒跚首领的带领下，用颤抖的手拨数着念珠。身披草衣、头发蓬乱的老农打着盹，双腿伸展，皮肤因皱纹和皲裂而产生裂纹，又因糠疹而浮肿，仿若一艘被大海侵蚀的古老沉船。

《远江山中》(*Dans les montagnes de la province de Tōtomi*),出自《富岳三十六景》系列,版画,1830—1832年。

《尾州不二见原》（*Vue du mont Fuji depuis la province de Owari*），
出自《富岳三十六景》系列，版画，1830—1832年。

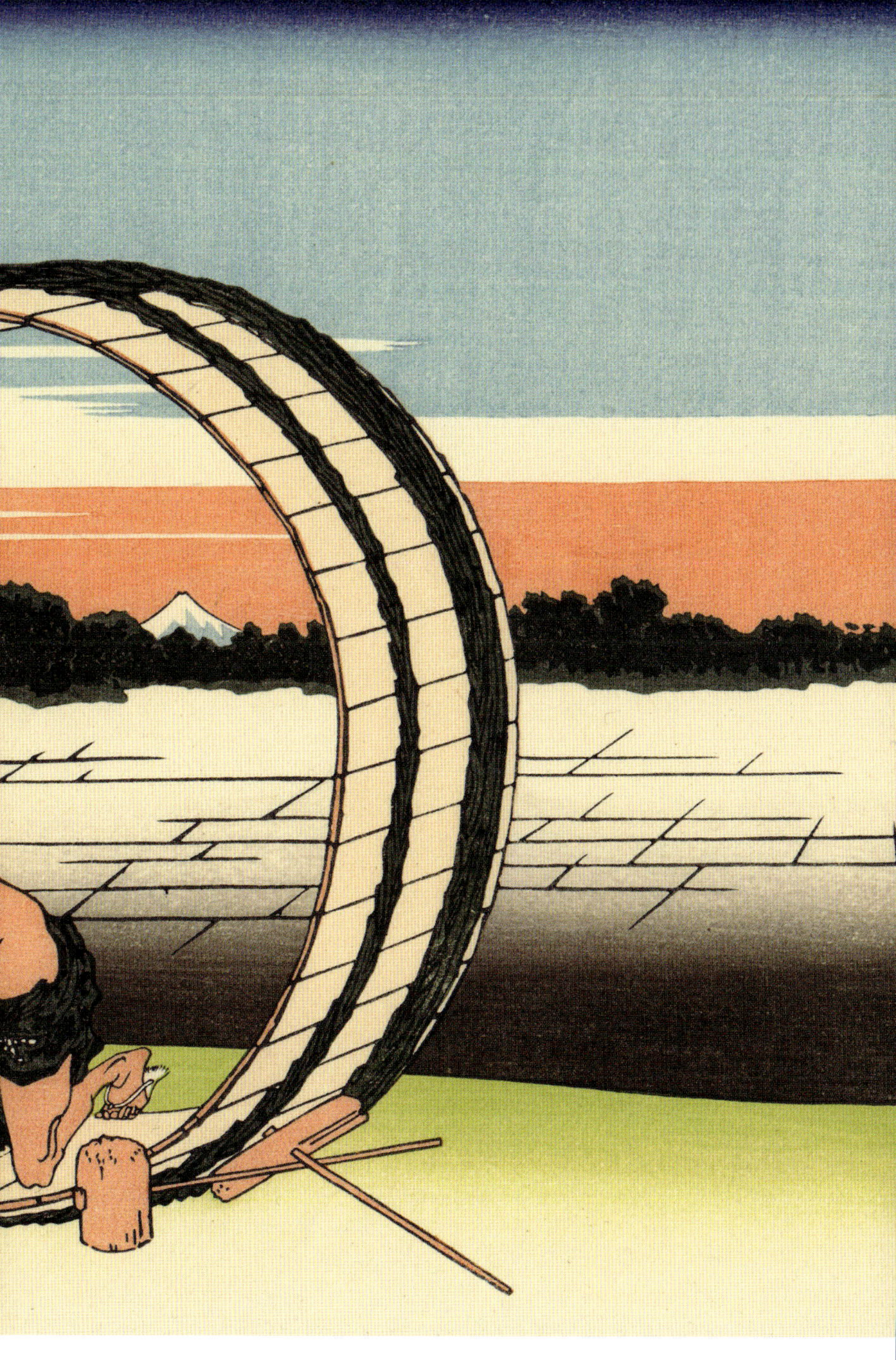

阿伊努人¹浓乱的头发掩盖了大半不似人脸的面孔，犹如头戴一堆野草，从发丝间透出一束奇特的目光。破旧的衣服为羸弱的身体增添了一种肮脏的诗意。难以描述的褴褛衣衫在行走的乞丐周身摇摆，紧握在手的多节木棍看起来和它的主人一般悲惨而老旧。

这是因为，在北斋的画笔之下，事物本身也有它们的特征及表达。它们因与人类生活或和谐的自然力量相互结合，而失去了沉沉死气与平淡乏味，获得了一种隐约的个性。在田野之中，它们被风轻抚。在沙滩边缘，它们被浪花浸浴。在家室之内，一双双手触摸着它们，并向它们传递居家的诗意。一把折扇，一只清酒瓶，漆盘上的几个碗，在大师的诠释下好似参与了家庭生活的情感与回忆、欢乐与忧愁。一堆岩石尽管结构表面杂乱无章，却遵循着隐密的逻辑法则，形成特有的形状。《北斋漫画》中对岩石的研习实则是在描绘肖像。一些岩石的底部被腐蚀，将恼怒的鼻尖伸向大海，好似野蛮的精灵对抗着猛烈的狂风；另一些岩石则笨重地蹲在山丘背面，仿佛被大地强大的倦意压倒。

所有形式、活动与惯性——这些人类生活的见证者、孤独的守卫者和过路人，都被赋予了各自的特征，且无法相互替代。在这部庞大的作品中，没有重复的痕迹。艺术家拒绝为了将作品简化为一种典型而对其加以修饰或削弱。他丝毫

---

1 阿伊努人（Aïnos），日本北方与俄罗斯远东地区的土著居民，早于构成当今日本主要人口的大和民族祖先一千年出现，从朝鲜经本州岛到达日本。这一由渔夫和猎人组成的民族具有父系与一夫多妻的社会制度，信奉泛灵论宗教，将熊尊为最崇拜的图腾。——编者注

没有消除偶然、意外、奇特之物，而是将之变成真实性的标志。一切都是相似的，一切都是真实的。动物、贝类、昆虫、鱼类、飞鸟，都以一种显著的力量呈现在我们面前，这力量将它们铭刻在我们的记忆中，形成没有惊喜的惯常印象。北斋喜欢描绘甲壳动物，因为具有攻击性的布满螯钳与钩爪的外形，让它们形似充满幻想的创作者所遗弃的怪物草稿；喜欢描绘昆虫，因为它们精细微小、坚实轻巧、伸缩灵活；喜欢描绘飞鸟，因为它们能够飞翔，没有什么可以控制它们的活动。花鸟画（kachō-ga）版画，即对鸟和花的研习（1848），可以权威地概括出北斋绘画才华的两个显著特点：特征与运动。在大自然中捕捉到的动物生命，根据其内在习性的不同，在页面上飞行、急奔或跳跃。野鸭被自己伸长的脖颈带动并引领着潜入苇丛中央。沼泽鸟旋转着凫水，在水面上记录下一串翻腾动荡的航迹，如同移动的曲线图。白公鸡和黑公鸡长长的翎羽勾画出二者凶猛角逐的轨迹，并勾勒出它们的决斗场地。传说中的大鸟羽翼横展，确保它在天空中得以平稳飞行。在这种狂热的行动中，没有什么是偶然的。兽爪、禽爪、尾翼的肌肉连接点，所有都是经过构思后被嵌入其中的。一双双眼睛以一种强烈目光注视着，近乎人类。一个个小小脑袋显现出一种极具表现力的真实感，令人联想到人的面孔。这些生命极其个性，它们是鲜活的。它们逃离了纸页。它们存活着。

这门艺术的平面元素有哪些呢？或者说，画家北斋的绘画风格是什么呢？我们无法将其简化为一条程式。北斋在《略

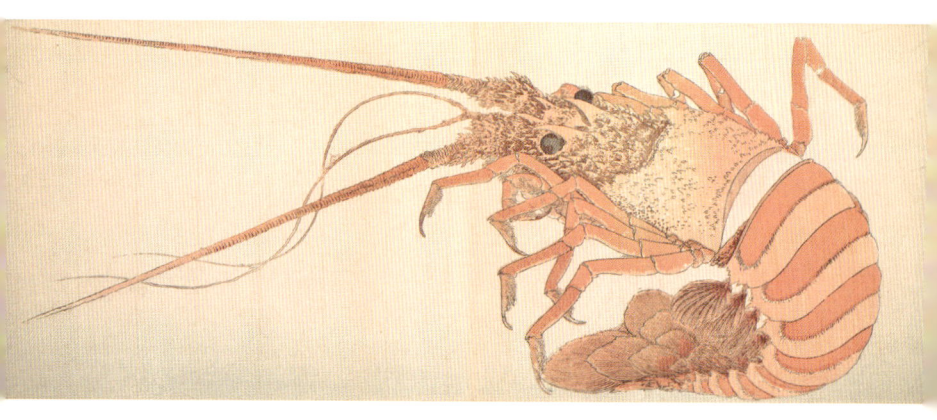

《大龙虾》（*Grand Homard*），版画，1815年。

《藻与虾》（*Algues et crevettes*）。

画早指南》的序言中,夸奖了一种全新且简明的教学法,即"圆形"与"方形"作画法。但是,不应当将此视作他个人经验与精湛技艺的起点或终点——这些经验与技艺是不可胜数的。正是如此,在北斋逗留名古屋期间,他掌握了福先生(Fuku sensei)的工艺方法[1],并于1823年出版了《一笔画谱》(*Ippitsu gwajoii*)。在这本著名的画集里,画家的画笔好似不离纸张,一笔勾勒出飞行、泅水、行走等上千剪影。他曾被一切能够让他尽力速记生活的事物所吸引。有时,他仿佛是在起草一套体系。

在《三体画谱》(1815)的开篇,蜀山人如此诠释了他的思想:"在书法中有三种形式,但这三种形式并不仅仅存在于书法中,而是在人类观察的所有事物中。因此,当一朵花开始绽放,它的形态可以说是僵硬严格的;当它凋谢时,它的形态仿佛是不修边幅的;当它坠落地面,它的形态犹如被抛弃之人,凌乱不堪。"[2]

这就像一种无可阻挡的好奇心的具象化,或是一种持续累积的经验的临时定格。通过这个形式的世界,人们仍然可能在无意中发觉一些具有特点的线条,并对其中的某一些进行定义。

比如曲折的弧线——长、优雅、纤细。它限制却没有削薄女性长裙及贵族大衣宽大的体积。在春章的画室中,北斋

---

[1] 该方法由雪舟创造。福先生遗留下了他未竟的画集,出版商请求北斋完成了该画集。——作者注
[2] 龚古尔,pp.259-260。——作者注

《雪枝上的鹤》（*Grues sur une branche couverte de neige*），版画，1834年。

得以展开实践。然而，当弧线在18世纪末期大部分风俗画派大师那里逐渐演变成一种惯用的书写法时，它在北斋的作品里却依然是一种真诚的表达方式。林忠正古代藏品中的一幅画作便是证明：一个正在为自己梳头的女人，其秀发恰似一个和谐匀称的涡螺，没有任何华而不实的冗笔。

北斋将这种灵巧传授给了他的门生北溪，后者的几幅迷人的女性速写便经过了精妙处理。在表现布满许多褶皱——一种磨损且弄皱了的材质上的褶皱，或是一种非常轻薄却不"耐久"的织物的褶皱——的衣服时，微小的波纹穿过线条，经由一种粗细笔画构成的系统被加以强调。而那些粗细笔画，或如老狩野派们笔下美丽的隆起部分般，通过按压画笔使之不断画出曲线来获得，或通过将画笔倾斜于线条上，使之变得毛绒且别致来获得。

但是，为了表现生活中出乎预料、偶然意外、对比强烈的事物，一条优雅的曲线远不足矣。北斋用折线，用仿佛要粗暴地钩住形态的、棱角分明且颤动的线条来描画瘦骨嶙峋之人和衣衫褴褛之人。根据《葛饰北斋传》(*Katsushika Hokusai den*) 中的描述，艺术家有时是从下往上画的：这一传统的真实性可以通过某些速写得到证实，这些素描的组织结构似乎并非一气呵成，而是真正意义上"被建造而成的"。据说，画作围绕着模型不规则地攀缘而上，每根线条上端参差的积墨显示出在一个笔画结束时画笔所受到的挤压。无论执笔之手的移动方向，这一手法都在北斋约1810—1820年的艺术中意义深远。相比之下，该手法在版画中的体现不甚明显，在速写中却具有署名价值。无论是一件别致的褴褛衣衫，一座花园里的装饰假山，一棵叶片参差不齐的参天大树，或是一个穷苦之人因事故而残缺的身体，这种手法都会攫取形态，并以一种尖锐而粗鲁的方式使之凸显出来。

对生命的描绘并非枯燥的线性投影，在空间中任意剪裁剪影。连续的线条禁锢并僵化了生命活动，将后者简化为枯燥无味的图示。然而，只要没有被绷紧的捕网束缚着，这些生命就是呼吸着、演变着、颤动着的，并显露出赋予它们活力的气息。在艺术中，伟大形式及生动形式的奥秘在于为艺术留下了几分余地。北斋的画笔限制并中断了他的创作路径。他经历过停工，以及短暂而充满活力的复工。他允许视线穿过分散的元素自由流转，但不得脱离这些元素的位置，并须自发地懂得如何相互连接。如此，我们便毫不费力地触及了本质：一个生命或一件物品的显著特征会立即映入我们的眼帘。我们发觉，在身体的各个部分之间，都有收缩和挤压的空间。这并不意味着北斋不敏感于材料美好的和谐统一，譬如羽毛的乌黑亮泽：为了加以表现，他通常只用倒竖笔毛的画笔绘出一个舒展且立体的斑点。他在纸张上来回移动画笔隆起的部分，以便仅留下一个清淡的颗粒，再用几个圆点进行延伸。

在此，北斋艺术的省约之处或许得到了最佳显现。这个圆点于他而言，不仅暗示了事物表面的真实性，如多孔岩石的斑点纹理，抑或瀑布脚下如云雾般升起的蒸气，还暗示了完整的立体形态。人们在《北斋漫画》中可以看到描绘皑皑雪山的画作。积雪的柔软与厚度以一种惊人的真实性呈现出来，这一效果是通过一些形状看似随意的粗大的黑色圆点实现的，令观者感受到冬季洁白之下阴暗的花岗岩骨架。丛生在悬崖阴处、急流险滩的青翠河岸上的矮态植物，小岛底部翻滚的海浪，秋日天空下展翅飞逝的鸟儿……北斋借助数个圆点，便概括了这些复杂的图像，并传达出它们的诗意。而这些圆点，或黑或彩，无论尺寸大小，形状都不平庸。它们并非两条直线的交点，也非钢制工具钉入某种坚硬的材料而形成。它们由笔尖轻触得来，具有大致上规则的形状，有时如随风摇曳的禾本植物的顶梢般尖利，有时边缘被侵蚀如荫翳洞穴的入口般坑洼。这些圆点是多样且生动的。把它们诠释为有趣的巧合或别致的陪衬都不甚恰当。它们将对力量的生动表达压缩到最小形态，传达着万物生灵的震颤与波动。它们是这门拒绝毫无意义的挥霍、广博而简明的艺术的关键所在，亦如同隐秘生活的火花，在北斋的作品中，赋予其灵感、风格和工艺以活力。

在二流艺术家的作品中，类似技巧的危险之处在于缺少平衡与连续性。这种技巧很可能形成对生活的一次快速戏仿，而不是描述一幅动人且完满的图景。但是，在北斋最为大胆果敢的时期，他仍然是一位伟大的描绘形式的诗人，因其始终尊重素材强烈的和谐统一。他不会围绕空间将形式分散，亦不会使形式浮于空间之上。他那些最为精美的作品，不是作为发散力量的图解或分散元素的总和，而是作为一个整体被构思而成的。韦弗先生乐于称为《圣乔治》(*Saint Georges*)

《川町樱》（*Kawamachi*），出自《画本东都游》系列，版画，1802年。

的刻画骑兵的美图，名为《绑架》（*Rapt*）的速写，这些充满一种令人赞叹的内在生命力的作品，不会让形式在外部如泡沫般飘浮飞散，或是如爆裂之物般噼啪四溅。相反，它们将形式用力聚集与收缩起来。瞧瞧那两个因激烈角力而结合的身体，你们不会在他们紧紧缠绕的动作中看到任何无用的孔洞或凸起之处，犹如一位雕塑家的作品——某种材料被强有力地塑造成形，等待浇铸。在黑色线条的网络下清晰可见的血色印迹表明，我们此处所见的，并非一幅巧妙的即兴创作或初稿，抑或一个用画笔写就的熟练草签，而是一种审慎努力的结果，一种有意为之且经过长久探寻的和谐。

对平衡与统一的同等关切，还出现在画面不甚密集的创作中。在这些作品里，装饰占据了更多空间，人类生活赋予大自然各个方面以活力，并在一幅风景中得以展现。最终确立人物前，北斋会将他们画在自己裁剪的小纸片上，并依次放在不同的位置来判断效果。因此，在《富岳百景》中，生活以看似完全自发性的大量、多样、出乎意料的姿态与片段呈现出来，那些速写便显示了一种对创作的探索和一种审慎的科学。北斋的艺术并非像人们有时倾向于相信的那样，是一套草稿或随性创作的集合，而是一种遵从秩序观念的灵感，一种精心组织的才能的努力结晶。

这一类资料，即这些笔触丰富而强烈的精美画作，这些经过充分渲染，其灵巧性始终服从于形式的优雅有力的水彩画，让我们感受到北斋与其诠释者，即雕刻师之间的差距。韦弗先生[1]在一本黄表纸的残卷中认出了《绑架》的镌版。尺寸上的差异是首先被注意到的。原画的尺幅是 0.295 米 × 0.315 米；版画则大约占据纸张的 1/3，符合"黄书"的惯常尺寸。镌版在雕刻时减少了速写的部分内容，自彼时起，大师慷慨丰富的线条似乎开始变得愈加贫乏、平淡与生硬。最终，在木版画中，线条显得锐利和紧绷。年轻女子的发型看似一个黑色斑点，尖锐且突兀；她的长裙缀满冗余的小花。人们能够在《富岳百景》精美的画作中重复观察到类似的情况。那些作品与镌版的尺寸相同，但是，使它们跃然于印版之上的线条几乎没有留下任何可以取代原作广度与纯朴的东西。北斋在纸张空白处勾勒以补充速写，竭力引导他的诠释者。他紧盯形式的细节，指出处理叶丛或地面的方法。然而，当人们单独观赏雕刻师的作品时，会觉得迷人而生动；倘若将其与原作进行对照，版画便会在顷刻间失去所有创作的诗意与个性。如此不容置辩的经验显示出了通过镌版资料对日本大师进行研究的不可靠性。

---

[1] 我在前文中提到，北斋的门生缩减了大师的画作以将其出版在《北斋漫画》中。韦弗先生拥有一份研究从绘画到木版画创作这一过渡阶段的特别文件，即一本关于山田意斋（Yamada Isaï）的书卷。该书卷即将付诸镌刻，其中的画作以一种极其精确的方式得到处理，没有误笔与悔笔。如果人们不确信手中拥有的是否为原作，可将之视为版画。问题在于这项雕刻工作由谁而作，是艺术家本人、雕刻师，抑或是某个专事此类转换工作的专业人士呢？——作者注

《雷神》(*Dieu du tonnerre*),墨水与彩色颜料,1847年。

着色师北斋

画家。版画色列。门生。

北斋在《绘本彩色通》(*Le Traité illustré du coloris*，1848)中为我们留下了对他个人经历的珍贵总结，以及研究其绘画技巧的可靠基础。在这部著作的篇首有一幅艺术家的著名肖像：北斋将一支画笔衔在口中，左右手与左右脚再各执一支，整个人处于一种绘画的狂热状态。表面上看，如果我们相信作者执笔的序言，那么这只不过是一本为孩童而作的小书，一本所有人都负担得起的廉价册子——然而这位老人在其中概括了他80年的广博学识。

这首先是一本关于眼睛训练的论著。首要之重，是学习辨别色调。应当从避免混淆朱红色颜料与胭脂红色生漆、靛蓝色与蓝绿色开始。北斋通过他的教导，唤醒孩童心中对色彩的敏感。种族天赋使他们易于拥有这种敏感性，而精致的文化则让他们懂得如何去驾驭和提炼。被日本男人和女人融入生活且十分恰当地结合到日常装饰中的具有细微差异的外形，随着年轻女子的步伐在街上摇曳生姿的保守而闪耀的长裙，在最为简陋的家室中装点祭坛暗处的雅致花束，一切都让这些挑剔讲究之人习惯了千百种迷人的差异。

在关于歌麿的研究中，龚古尔为我们揭示了"茄白（绿白色）、鱼肚白（银白色）；粉色中的雪里红（淡粉色）、雪里桃（浅粉色）；蓝色中的雪里青（浅蓝色）；天黑（深蓝色）、月里桃（粉蓝色）；黄色中的蜜色（浅黄色）等；红色中的枣红、烟火（棕红色）、银烬（灰红色）；还有绿色中的茶青、蟹青、虾青、葱心绿（黄绿色）、莲芽绿（浅黄绿色）：所有这些在着色师眼中偏光且迷人的颜色，这些有着可爱的细微差别，在我们看来不自然的颜色……"[1]

北斋拥有这种敏锐洞察的天赋并精通于此。他与我们详尽地谈论了微笑的色调："这种被称为微笑的色调，即'waraiguma'，可用于女性的面孔，为她们赋予带有生命活力的红润，同时也用来为花朵着色。制作这种色调的方法如下：应当取一些矿红色，即'sho-yen-ji'，将其溶化在沸水中，让溶液静置澄清——这是一个画家们不会广而告之的秘密。"我们和他一同见证了色调的整个制作过程，我们看到艺术家在一个小碗中捶打明矾，将其置于文火上搅拌，再将白色与红色混合其中。北斋记下了所有种类的黑色："有古黑色和鲜黑色，亮黑色和亚光黑，日光黑和阴影黑。制作古黑色时，应当在其中掺入一些红色；制作鲜黑色时，应当掺入一些蓝色；制作亚光黑时，应当掺入一些白色；制作亮黑色时，应当添加一些胶水；制作日光黑时，应当使之映照出灰色。"年迈的大师说，孩子们通过遵循这些规则，便能描绘出海洋的凶猛、急流的飞逝、池塘的平静以及地球生命弱小或强大的状态。但是，学生们并不愿受制于这些规则，而是学着践行艺术家的伟大美德，即独立："他们不需要相信，必须奴颜婢膝地服从这些明示的规则；他们当中的每个人，在工作时都应该根据各自的灵感来获得成果。"

---

[1] 爱德蒙·德·龚古尔，《歌麿：青楼画家》，Paris, 1891, pp.39 sq。——作者注

  这便是指导北斋个人探索的自由法则。通过前文对其一系列努力的研究，我们看到他穿梭于不同流派之间以更新学识，从各个渠道甚至他的学生身上汲取知识。北斋用色习惯的演变揭示出，在其艺术快速经历诸多影响的同时，他想要实现一种个人的综合，获得强烈而真实的绘画效果。

  北斋的画在欧洲数量极少。在日本本土，更难碰到成系列或归类整齐的作品。他的画没有像前辈画家们的作品那样得到精心保存，其速写、素描尤其是版画却极为丰富。应当承认的是，北斋一生中的大部分时间都被插画所占据，甚于任何一位浮世绘艺术家。他这一类作品的创作数量甚或多过同时代所有画家的总和。毫无疑问，他是一位多产且多变的画家，但若想借助他散存的字画卷轴，从历史视角来确定他所使用的一系列色列，或言，确定他作为着色师的不同风格手法，几乎是不可能的。印刷工人的干预令我们保持谨慎，关注版画本身才是更为慎重的做法。然而，尽管见证北斋画家天赋的作品是年代久远且不完全可靠的，尽管这些作品只能让我们短暂欣赏北斋用以安排和谐色调的艺术，它们却至少让我们了解到艺术家运用颜色的方式，并让我们得以分析他的工艺方法。

  在我们收藏的原作中，应当单独列出一整个系列的朦胧、润湿、似被浸没的水彩画。在这些作品里，中国墨水扮演着重要角色，笔触也在柔和水润的雾气中变得模糊隐约。这些水彩画宁静无声，遏制了那种与灰色和黑色略微接近，且为了达到一种微妙缥缈的和谐而与这两种颜色相互结合的色调。这些流畅的创作中的大多数都作于画家的青年时期。随后，北斋便朝着大胆明快和稳重踏实的方向发展。

《忠臣藏》(《四十七浪人传说》)中的两个场景,版画,1806年。

《雪中的商贩》(*Colporteurs sous la neige*)，出自《北斋画谱》(*Hokusai Gafu*)，版画，1849年。

可以肯定的是，北斋对油画的了解或实践与其创作的转变不无关系。如果说油画很可能对某些色调——譬如自1804年起，一种厚重的红色和一些暗哑的灰色——的选择产生了不当影响，透明淡色的使用则让北斋得以名利双收。吉洛[1]的收藏中包含了一幅描绘一只雄鹰的字画卷轴的设计图，在图中，艺术家敢于运用一些大胆明快的色调，最终定稿时，这些色调在被覆盖与缓和之前散发出活泼悦目的色泽。然而，北斋是借助了水粉画颜料才使他的作品达到坚实稳定的效果。在他创作的重要阶段，水粉画颜料在其绘画技术中占据着愈

---

1 查尔斯·吉洛（Charles Gillot，1853—1903），法国收藏家，以收藏古代艺术品尤其是日本艺术品而闻名于世，曾任《艺术日本》杂志出版总监。

加重要的地位。有时——但只是极少数时候，他铺开丝绸并像使用油画颜料一般在上面作画。有时，他仅使用浅色笔触，例如一些纯白的圆点，来描绘瀑布的水雾，或表现被当作肖像一般处理的面庞之上的强烈光亮。还有些时候，他为日本女人涂脂抹粉的面颊保留了一种厚重的色调。

在北斋的暮年，约自1840年起，其色调的大胆明快尤为明显。北斋从他的艺术行囊中扔掉了灵活与技巧。随着年岁渐长，他变得更加简洁明了、更加生动有力。以往，他展示了创作的敏锐和细腻，那幅描绘墨田区河滨一场娱乐聚会的字画卷轴（林忠正收藏）便是一个鲜明的例证。有时，他也以细密画家的身份作画，不过他会用最准确和最少量的色彩明暗变化与氛围感进行描绘。现如今，作为浮世绘大师，北斋超越了一个娴熟行家的高雅与灵巧，并予以蔑视，而用一种野性大胆的姿态罗列色调。

韦弗先生收藏的一扇精美屏风绘制于一个均衡且宁静的时代，约1796—1802年。这扇屏风的处理方式散发出一种广阔的庄严与优雅，也证实了这个葛饰区的农民常常受到质疑的全能天赋，即他的风格。那些精致的女子轻松而端庄地聚集在放于地上的点心周围，在我们看来，她们并非一些遥远的生命，隐约可见于往昔或梦幻的雾霭之后，而像是一些安详从容的存在。她们的身体是鲜活的，并在由细密而轻薄的布料，或者应说由塔尼特[1]的大衣般的材质制成的长裙下呼吸

---

[1] 塔尼特（Tanit），古迦太基女神，主神巴耳·哈蒙（Ba'al Hammon）之妻，掌管生殖与战争。

着。没有消遣随意的笔触，没有肤浅跳脱的颜色：准确、强烈且朴实的色调，被有力地着于画面。所有的表达技巧都消失了。在画廊深处，我有幸目睹了韦弗先生为我展示的这幅杰作。那些庄严高贵的人像映入我的眼帘，不似一幅令人赞叹且别致的虚构之作，而带有一种意外现实的魅力。在这里，我们看到的不是春章、清长、歌麿等教学理念的汇总，而是那些独特灵感中的一种，在那灵感之中，风格的庄重取决于生活本身的庄重。

对于许多评论家而言，北斋并不在彩色印刷大师之列。在他的作品中，评论家们更偏爱他青年时期的版画，因为那些创作接近一种温和、平静、轻柔的和谐，一种应被我们归因于风俗流派之衰落的和谐。北斋最终大胆尖刻的风格使人相信，他对严格意义上的印刷并不感兴趣，而将之委托给一些手工艺人来完成。他亦不关心成像的过程。倘若联想到他在挑选及指导雕刻师时的一丝不苟，便会发觉这是一种奇怪的态度。事实上，北斋被视作其版画特别是风景画作品的着色师，他所呈现的形象是一个始终清楚地知道自己所欲所求的变化无常、大胆独创的革新者。

《摄州天满桥》（*Histoire de Minamoto Tametomo*），出自《诸国名桥奇揽》，版画，1805—1810年。

《文屋朝康》（*Poème de Bunya no Asayasu*）插图，出自《百人一首乳母绘说》，版画，1835—1836年。

《木曾路之奥阿弥陀瀑布》(*La cascade Amida dans les profondeurs des monts Kiso*),出自《诸国瀑布揽胜》,版画,1834—1835年。

色调在北斋的眼中首先犹如一个和谐的斑点，是装饰整体的元素之一。他在春章画室里所刻画的演员们，身穿有着精致而细微差别的长袍，其颜色分段排列在有限又适度区分的色列里——黄色、粉色和浅棕色。溶解在大量水中的轻浅色调、透明色调，让人联想到被经年日光腐蚀的古老的水彩画。清长的艺术仍然在青年北斋的早期作品中熠熠生辉。一种谨慎的热情让这些无可估量的和谐颤动起来，年迈大师们画集中的，尤其是丰国作品中的那些苍白却迷人的幽灵，似乎属于最为遥远的时空。18世纪末年，北斋被荣之平淡的纯粹所吸引。黄色依然是其作品中的一个重要色调，但已开始伴随着灰色、绿色和蓝色。不久后，艺术家转而关注更为激昂的绘画效果，须惠（o'souye）的图像和京都的摺物可能为他提供了范例。正是在同一时期，他初次尝试风景画，并力图真实地表现出美丽夜晚饱满而清透的紫红色。

19世纪前30年间，尤其自1820年起，北斋作品中最具特点的色列，是从深蓝色到淡黄色，中间跨越蓝绿色和黄绿色的渐变。1815年后，再版发行《隅田川两岸景色图卷》（*Vues des rives de la Sumida*）时，他添加了淡蓝色调，或说用淡蓝色调代替了初版中匀称调和的色彩。他在单页版画、摺物和单彩屏风画中使用了颇具力量与深度的蓝色。这些蓝色构成其主要的系列风景画的特点。譬如，在《诸国瀑布揽胜》的八幅画中，蓝色不仅用于营造闪亮而平淡的效果，还用于确立形式。画家用蓝色线条取代了黑色线条，清晰地勾勒出悬岩、树木、地面和人物，因为它比中国墨水更加清淡与轻盈。在

《甲州三岛越》（*Le col de Mishima dans la province de Kai*），出自《富岳三十六景》系列，版画，1831年。

缥缈的远方，在围绕富士山青铜锥顶的大海的海平面，它勾画出几叶船帆。配合着浅蓝色和白色，它表现出瀑布的剔透明亮，令阳光透过瀑布，照出水雾浮尘。这蓝色线条标志着一项重要探索，即氛围。为了避免破坏整体的和谐统一，标题和签名也被印制成蓝色。红色的印章鲜少出现。

然而，尽管蓝色的浓淡色度变化丰富，北斋对蓝色色调的偏爱却并不意味着对其他颜色的排斥。它并不会脱离风景画而随意侵入其他形式的艺术表现。《诸国瀑布揽胜》《诸国名桥奇览》和《富岳三十六景》发行后的数年间，一些具有细微差别的绝妙的印刷品也被出版，尤其是两个花卉系列所包含的10幅版画中，花朵构思灵活而精确，色调丰富而宁静，花束新鲜而色彩鲜艳。此外，是一些在银色湍流中跳跃的银光闪闪的鲤鱼，一些青铜乌龟，还有著名的《雪中鹤》（*Grues dans la neige*）——它们长满绒毛，无精打采地颤抖着，身上带有粉色和蓝色的斑点，飞到絮状的白色雾凇之上。即便在风景画中，蓝色这一主要的气氛色调也常常与纯粹的色调相结合，其临近色调会将轻盈之感传达给后者。显示苍穹深度的暗带下，黄昏天空呈现出火烧似的粉色，在广阔的大海之上以一种蕴含着永恒宁静的姿态不断扩大。在锯木板工人操作的白色长梁周围，一阵红棕色烟雾从炉子里盘旋着逸出，缭绕的青烟越来越轻盈，飞升到空中时稀薄消散。同样的铁锈色调染红了火山山坡和几个工人的外套。这些简单的方法保证了作品中装饰的和谐统一，它们散现于画中而毫不单调，且完全不会剥夺画作的真实性。《富岳三十六景》的其他版画则更为大胆。《凯风快晴》在覆盖山峰的雪脊间，在山坡下沿的松林下，显露出天然的悬岩。《甲州犬目峠》（*Vue de la province de Kahi*）中，山底是强烈的棕红色；随着海拔的升高，空气层间插入了一层深蓝色的雾霭，一直延伸到洁白无暇的山巅。北斋力求通过改变印刷来变换效果，并在同一幅风景画中表现秋日和春日的差别。因此，色调的选择与分布能够决定营造出的是一种强健有力、和谐统一的效果，抑或是激动人心的庄严崇高之感。

諸国瀧廻り 木曾海道 小野ノ瀑布 前北斎 画狂老人筆

《源宗于朝臣》（*Poème de Minamoto no Muneyuku Ason*）插画，出自《百人一首乳母绘说》系列，版画，1835年。

《足利行道山》（*Le pont suspendu du mont Gyodo près de Ashikaga*），出自《诸国名桥奇揽》系列，版画，1827—1830年。

左页图：《木曾海道小野瀑布》（*La cascade de Ono sur la route de Kisokaido*），出自《诸国瀑布揽胜》系列，版画，1832年。

《相州梅泽左》（*Le manoir d'Umezawa dans la province de Sagami*），出自《富岳三十六景》系列，版画，1831年。

《信州谏访湖》（*Le lac Suwa dans la province Shinano*），出自《富岳三十六景》系列，版画，1831年。

色调的处理方式也颇具深意。我们并没有看到色调被割裂或趋于沉闷。在同一幅版画的色列中，色调不多，却完全保持着颜色的大胆明快。它们并不像在用细木镶嵌的风景画中一般，被粗暴地罗列在一起（某些创作类似作品的欧洲画家认为自己借鉴了日本的绘画原则和典型）。它们是立体且清透的，主要得益于两道简单的工艺：同一颜色的深浅变化和渐次减弱。例如，在树木所呈现的蓝色或蓝绿色基调上，用更深邃、更浓郁的同一色调进行强化，便能让人感受到叶丛之密集。又如，为了悄然打破一种均匀单一的色调，同时避免令双眼遭受跳脱刺目的冲击，北斋将这颜色变白并逐渐淡化，直到使之融入临近色调，最终消失于白色的纸张之上。在广阔的风景画中，在天顶和近景的暗带之间，深邃的空气向内弯曲。

北斋的这些风景画有着如此精美明快的色彩，为我们展现出他的艺术中最为高雅宁静，或说最为完整的一面。这些风景画拥有自己的风格，即装饰的广阔雄浑和庄严壮丽。在海平面之上，在碧空之中，耸起一个庞然大物，俯视着人类生活的骚动和寂寥的安宁。其简朴的轮廓仍能体现出一种古老动荡的力量，让昔日被火焰环绕、如今被永不消融的白雪覆盖的火山，从群岛爆裂的土地上喷涌而出。我们目睹了原始的自然力量令人生畏的活动：缀满浪花的波涛沉重而湍急地翻滚着，抛却了它那脆弱的重力，骤风和暴雨横扫山谷，夏日的倾盆大雨僵直坠落。处处都彰显着隐秘的力量和生命的运动：浮云在南风的吹动下飘过，如同一艘艘象牙帆船。

炽热炭火冒出的金色烟雾呼呼作响着升腾直上,被斜风吹得蜿蜒曲折。在山的一侧,渐弱的色调显示出天空暗影的短暂投射以及时光的悄然流转。日本风景画家惯常使用的意象,诸如雪、夜和月光,久而久之已成为略显矫揉造作的诗文的描写对象,却并不能使北斋感到满足。他之所以形成了如此风格,不仅因为他达到了形式上的庄重之感,还因为他拥有豁达且真挚的情感,因为他不会通过花哨的手法来分散我们的注意力,而懂得如何在静止不动的自然景物之上,展示运动变幻着的现象。由此彰显了其作品的双重特征:构造原理的坚实力量,结合着瞬息印象所散发的诗意与生命活力的迅速敏捷。

正是此处,尤其体现出北斋对其继任者的艺术以及对欧洲大师们所产生的影响。在嫡系门生中,从最早的北马[1](19世纪前30年),到著名的北溪(生于1780年,卒于1854—1859年),所有人,包括风格秀丽别致的插画作者,诗人与武士集作者,才华横溢的摺物作者,岳亭,北斋的前女婿兼忠实模仿者重信[2],本职为建筑师的北云[3]……他们带着或多或少的光彩和威望,延续了伟大的自然主义传统,这一北斋

---

[1] 蹄斋北马(Teisai Hokuba,1770—1844),日本江户时代末期浮世绘画家,葛饰北斋的门生之一。蹄斋北马的画风比葛饰北斋更为柔和独特,尤其擅长着色、书法,创作了不少优秀的肉笔美人画。

[2] 柳川重信(Yanagawa Shigenobu,1787—1832),日本江户时代末期浮世绘画家,葛饰北斋的门生之一。柳川重信早年拜学于葛饰北斋门下,并娶其长女为妻,育有一子,之后离婚。他擅长锦绘与读本插画,同时也创作肉笔美人画、役者绘。

[3] 葛饰北云(Katsushika Hokuoun,生卒年不详),日本江户时代浮世绘画家。他原本是名古屋的一名木匠,后拜学于葛饰北斋,擅长狂歌摺物插画、肉笔美人画及役者绘。

曾以无与伦比的魄力引领流派回归的传统。一些人只是懂得模仿大师的风格，怀着一种缺乏独立精神的忠实态度进行戏仿，北云仿作的《漫画》(*Manga*)便是最突出的例子。其他人，譬如北溪，拥有一种完全个性化的天赋，即精致考究而神经质的优雅。大阪的出版商垄断了他们中的某些人，例如北寿[1]和北明[2]，并让他们制作役者画册。北斋最年轻的门生纪斋（Kicsaï），有时亦署名为"醉酒疯猴"（le singe ivrogne et fou），似乎尤其从大师的教导和作品中汲取了幽默特质与综合能力，因之与自己的兴致相符，且为他棱角分明的笔触提供了一种夸张讽刺色彩的借鉴。纪斋广为人知并深受喜爱。日本人予其殊荣，称之为他们的第二个北斋。

我曾在某处谈及，在这位伟大画家的艺术中，来自欧洲的影响占据了多大分量。某几堆叶丛的式样，尤其是《北斋漫画》速写中《日本桥》(*Vue du pont de Nihonbashi*)里沿着运河矗立的房屋的准确透视，无疑都是一些微小的标志，印证着我们的判断。将北斋从中国画派的规则里解放出来的，不是关于欧洲的研习，而是对自然的观察。在北马笔下，这种影响则更加明显地体现在以所谓的"荷兰式"手法处理的刻画港湾的风景画中。此外还可以列举北寿的一幅版画，画中描绘了一条河流，河上船只纵横交错，载有装扮成路易

---

[1] 昇亭北寿（Shōtei Hokujiu，1763—1824），日本江户时代末期浮世绘画家，葛饰北斋的门生之一。昇亭北寿以风景画见长，继承了葛饰北斋的西洋表现手法，也创作了许多风俗画、狂歌本插画、摺物与肉笔画。

[2] 葛饰北明（Katsushika Hokumei，生卒年不详），日本江户时代浮世绘画家，葛饰北斋的门生之一，擅长肉笔美人画及读本插画。

十四时期爵爷模样的演员。西方艺术的影响少了几分偶然，多了几分审慎，且完美契合日本艺术的精神与技巧，坦率地显露在一名男子，即伟大的广重的作品中。后者或许不是北斋的学生，却大大受益于他。然而，即使北斋为了布局风景画，在创作和组织结构时融入了借自欧洲的元素，他仍然会忠于自然主义的灵感，忠于认真研究一个包容了四季更迭与时光流转的瞬息之美的宇宙。北斋在艺术上的努力并未止步于背离民族精神的模仿，唯有他最平庸的门生们误以为此。于其他人而言，他将始终是一门抒写真实性的学问。

《贞信公》（*Poème de Teishin Kō*）插图，版画。

百人一首

貞信公

小倉やま峯のもみちはこゝろあらは今ひとたひのみゆきまたなん

《年轻女子读枕上书》(Courtisane endormie),版画。

结　语

有一门仿佛延伸了宇宙和知识边界的颇为深刻的艺术。它充满着大师们的深思，并阐释了千百种以奇特力量在大师们身上引起共鸣的内在和谐。它是一门语言，通过这门语言，梦想的力量、往昔的魔法、内心的奇景借助各种各样的形式得以表达。传说和历史，一如自然和生活，仅仅是它神秘而华丽的托词载体。它在大众眼中莫测高深，将一束令人眩目的阳光照射在隐秘的现实之上，而在其他时候，仿佛又将这些现实掩埋在随之悸动的金色夜晚之中。

另有一些大师在自然中看到的，不是战栗着的神秘力量，亦不是错综复杂、晦涩高级的幻想，而是光彩夺目的表象。他们专注于形式与光线的各种活动，以及飘忽于变幻无常的世界表面的所有灵感。激发他们的并非生命的意义，而是生命本身。生命流淌着。他们力图捕捉生命而非使之静止。他们不会精疲力竭于使生命负荷象征或思想。生命激发了他们的灵感，却没有钝化他们的分析能力。他们之所以被吸引，不是因为生命神秘且深刻，而因其是瞬时且多样的。他们针对生命展开了一项艺术活动，不知疲倦地试图保持生命的灵巧与迅捷。"现实主义"一词对于这些艺术家而言不甚友好，似乎让他们担负了一种无可避免的沉重，将他们与某些庸俗而笨重的材料永久地结合起来。或许应当把他们称作世俗现象画家，他们面对一门以好奇心为创作准则、旨在用富有表现力的方式进行概括的艺术,竭尽所有资源,用以表现千变万化的俗世现象。

北斋便是如此。他认为生命是比往昔庄严的仪式、比英雄和神明难以分辨的梦幻更为广阔美好的题材。他始终与民众站在一起,因为只有劳动中的人民能够向他尽情展示强壮与灵巧的结合,呈现人类活动的非凡景象。形式的生命和运动的诗意均在此体现。在人类的苦痛与欢乐中,正如在动物群体的麇集中、在使昆虫一跃而起的擎爪的突然行动中、在鱼鳍紧张的拍打中,生命与运动被仔细研究。这便是激发并维持艺术家好奇心的核心原则,使其得以描绘任一有机生命形态的自由行走、摇摆、奔忙与蜷曲。无论是对细腻敏感度的培养,还是对过往流传的重要范例的深思,抑或是对存在于静止或缓慢之中的风格的追求,都无法使他感到满足。北斋希望他的艺术不是某个美好却孤独的梦境的升华,而是对生命形式的强调与激活。他的作品不是对高深记忆的罗列总结,而是一种直接且激动人心的表达——这一表达藐视时代,并用一束微小的火苗赋予了无生气的材料以活力,而在这材料之上,火苗依然闪烁着。

图书在版编目（CIP）数据

葛饰北斋：近代日本的天才画狂 /（法）亨利·福西永（Henri Focillon）著；张露微译. -- 上海：上海社会科学院出版社，2025. -- ISBN 978-7-5520-4698-4

Ⅰ. K833.135.72

中国国家版本馆CIP数据核字第20253TW674号

拜德雅·艺术小书

葛饰北斋：近代日本的天才画狂

Hokusai. Le fou génial du Japon moderne

著　　者：	［法］亨利·福西永（Henri Focillon）
译　　者：	张露微
责任编辑：	熊　艳
内文设计：	闵　仔
出版发行：	上海社会科学院出版社
	上海顺昌路622号　邮编200025
	电话总机: 021-63315947　销售热线: 021-53063735
	https://cbs.sass.org.cn　E-mail: sassp@sassp.cn
照　　排：	闵　仔
印　　刷：	上海盛通时代印刷有限公司
开　　本：	1194毫米×889毫米　1/32
印　　张：	6.125
字　　数：	123千
版　　次：	2025年6月第1版　　2025年6月第1次印刷

ISBN 978-7-5520-4698-4/K·747　　　　　定价：68.00元

版权所有　翻印必究